Lezzetlerin İspanyol Rüyası

Otantik İspanyol Mutfağından Tarifler

Elena Fernandez

ÖZET

BİBER ÇİKOLATA ARMUT 26
    İÇİNDEKİLER 26
    TEDAVİ 26
    YUVARLAK 26

ÜÇLÜ ÇİKOLATALI KEKLİ KEK 27
    İÇİNDEKİLER 27
    TEDAVİ 27
    YUVARLAK 27

İSVİÇRE BEZE 29
    İÇİNDEKİLER 29
    TEDAVİ 29
    YUVARLAK 29

FINDIK KREMALI MUZLU KREP 30
    İÇİNDEKİLER 30
    TEDAVİ 30
    YUVARLAK 31

ÇİKOLATA BAZLI LİMON BAR 32
    İÇİNDEKİLER 32
    TEDAVİ 32
    YUVARLAK 33

TİRAMİSU 34
    İÇİNDEKİLER 34
    TEDAVİ 34
    YUVARLAK 35

INTXAURSALSA (YEMİŞ KREMASI) 36
    İÇİNDEKİLER 36
    TEDAVİ 36
    YUVARLAK 36
SÜT BERJESİ 37
    İÇİNDEKİLER 37
    TEDAVİ 37
    YUVARLAK 37
KEDİ DİLİ 38
    İÇİNDEKİLER 38
    TEDAVİ 38
    YUVARLAK 38
PORTAKAL BİSKÜVİ 39
    İÇİNDEKİLER 39
    TEDAVİ 39
    YUVARLAK 39
LİMANLI KAVRULMUŞ ELMA 40
    İÇİNDEKİLER 40
    TEDAVİ 40
    YUVARLAK 40
PİŞMİŞ BEZE 41
    İÇİNDEKİLER 41
    TEDAVİ 41
    YUVARLAK 41
KREM 42
    İÇİNDEKİLER 42

TEDAVİ 42
YUVARLAK 42
PANNA COTTA MORLU ŞEKER 42
    İÇİNDEKİLER 43
    TEDAVİ 43
    YUVARLAK 43
narenciye kurabiyeleri 44
    İÇİNDEKİLER 44
    TEDAVİ 44
    YUVARLAK 45
MANGA MAKARNA 46
    İÇİNDEKİLER 46
    TEDAVİ 46
    YUVARLAK 46
YOĞURTLU KEK 47
    İÇİNDEKİLER 47
    TEDAVİ 47
    YUVARLAK 47
BİBERİYELİ muz kompostosu 48
    İÇİNDEKİLER 48
    TEDAVİ 48
    YUVARLAK 48
BRULE KREM 49
    İÇİNDEKİLER 49
    TEDAVİ 49
    YUVARLAK 49

ÇİNGEN KOLLARI KREMA DOLU 50
- İÇİNDEKİLER 50
- TEDAVİ 50
- YUVARLAK 50

YUMURTA FLANESİ 51
- İÇİNDEKİLER 51
- TEDAVİ 51
- YUVARLAK 51

JORDGUB CAVA JÖLESİ 52
- İÇİNDEKİLER 52
- TEDAVİ 52
- YUVARLAK 52

çörek 53
- İÇİNDEKİLER 53
- TEDAVİ 53
- YUVARLAK 53

SAINT JOHN TARAFINDAN COCA 54
- İÇİNDEKİLER 54
- TEDAVİ 54

BOLOGNA SOS 55
- İÇİNDEKİLER 55
- TEDAVİ 55
- YUVARLAK 56

BEYAZ BROTH (TAVUK VEYA DANA ETİ) 57
- İÇİNDEKİLER 57
- TEDAVİ 57

- YUVARLAK 57
- DOMATES 59
  - İÇİNDEKİLER 59
  - TEDAVİ 59
  - YUVARLAK 59
- ROBERTO SOS 60
  - İÇİNDEKİLER 60
  - TEDAVİ 60
  - YUVARLAK 60
- PEMBE SOS 61
  - İÇİNDEKİLER 61
  - TEDAVİ 61
  - YUVARLAK 61
- BALIK ÇANTASI 62
  - İÇİNDEKİLER 62
  - TEDAVİ 62
  - YUVARLAK 62
- ALMAN SOSU 63
  - İÇİNDEKİLER 63
  - TEDAVİ 63
  - YUVARLAK 63
- CESUR SOSU 64
  - İÇİNDEKİLER 64
  - TEDAVİ 64
  - YUVARLAK 65
- SİYAH BOUILLON (TAVUK VEYA DANA ETİ) 66

- İÇİNDEKİLER 66
- TEDAVİ 66
- YUVARLAK 67
- PİKO MOJO 68
  - İÇİNDEKİLER 68
  - TEDAVİ 68
  - YUVARLAK 68
- PESTO SOS 69
  - İÇİNDEKİLER 69
  - TEDAVİ 69
  - YUVARLAK 69
- TATLI VE EKŞİ SOS 70
  - İÇİNDEKİLER 70
  - TEDAVİ 70
  - YUVARLAK 70
- YEŞİL MOJİTOS 71
  - İÇİNDEKİLER 71
  - TEDAVİ 71
  - YUVARLAK 71
- BEŞAMELLA SOS 72
  - İÇİNDEKİLER 72
  - TEDAVİ 72
  - YUVARLAK 72
- SOS avcısı 73
  - İÇİNDEKİLER 73
  - TEDAVİ 73

- YUVARLAK 73
- AIOLI SOS 74
  - İÇİNDEKİLER 74
  - TEDAVİ 74
  - YUVARLAK 74
- AMERİKAN SOS 75
  - İÇİNDEKİLER 75
  - TEDAVİ 75
  - YUVARLAK 76
- GÜN DOĞUMU SOS 77
  - İÇİNDEKİLER 77
  - TEDAVİ 77
  - YUVARLAK 77
- BARBEKÜ SOSU 78
  - İÇİNDEKİLER 78
  - TEDAVİ 78
  - YUVARLAK 79
- bernez sosu 80
  - İÇİNDEKİLER 80
  - TEDAVİ 80
  - YUVARLAK 80
- KARBONARA SOSU 82
  - İÇİNDEKİLER 82
  - TEDAVİ 82
  - YUVARLAK 82
- Şarküteri sosu 83

- İÇİNDEKİLER 83
- TEDAVİ 83
- YUVARLAK 83
- CUMBERLAND SOS 84
  - İÇİNDEKİLER 84
  - TEDAVİ 84
  - YUVARLAK 85
- KÖRİ SOSU 86
  - İÇİNDEKİLER 86
  - TEDAVİ 86
  - YUVARLAK 87
- SARIMSAKLI SOS 88
  - İÇİNDEKİLER 88
  - TEDAVİ 88
  - YUVARLAK 88
- SADECE SOS 89
  - İÇİNDEKİLER 89
  - TEDAVİ 89
  - YUVARLAK 89
- ELMA SOSU 90
  - İÇİNDEKİLER 90
  - TEDAVİ 90
  - YUVARLAK 90
- DOMATES SOSU 91
  - İÇİNDEKİLER 91
  - TEDAVİ 91

YUVARLAK 92
PEDRO XIMENEZ ŞARAP SOS 93
   İÇİNDEKİLER 93
   TEDAVİ 93
   YUVARLAK 93
KREMA SOSU 94
   İÇİNDEKİLER 94
   TEDAVİ 94
   YUVARLAK 94
mayonez mayonez 95
   İÇİNDEKİLER 95
   TEDAVİ 95
   YUVARLAK 95
YOĞURT VE DILLE SOSU 96
   İÇİNDEKİLER 96
   TEDAVİ 96
   YUVARLAK 96
ŞEYTAN SOSU 97
   İÇİNDEKİLER 97
   TEDAVİ 97
   YUVARLAK 97
İSPANYOL SOSU 98
   İÇİNDEKİLER 98
   TEDAVİ 98
   YUVARLAK 98
HOLLANDA SOSU 99

İÇİNDEKİLER 99
TEDAVİ 99
YUVARLAK 99
İTALYAN SOSU 100
İÇİNDEKİLER 100
TEDAVİ 100
YUVARLAK 101
MUSSEL SOSU 102
İÇİNDEKİLER 102
TEDAVİ 102
YUVARLAK 102
REMOULADE SOS 103
İÇİNDEKİLER 103
TEDAVİ 103
YUVARLAK 103
BİZCAİNA SOS 104
İÇİNDEKİLER 104
TEDAVİ 104
YUVARLAK 104
KIRMIZI SOS 105
İÇİNDEKİLER 105
TEDAVİ 105
YUVARLAK 105
SABAH SOSU 106
İÇİNDEKİLER 106
TEDAVİ 106

- YUVARLAK 106
- ROMASKO SOS 107
  - İÇİNDEKİLER 107
  - TEDAVİ 107
  - YUVARLAK 108
- SOUBİS SOS 109
  - İÇİNDEKİLER 109
  - TEDAVİ 109
  - YUVARLAK 109
- TARTAR SOSU 110
  - İÇİNDEKİLER 110
  - TEDAVİ 110
  - YUVARLAK 110
- KARAMEL SOSU 111
  - İÇİNDEKİLER 111
  - TEDAVİ 111
  - YUVARLAK 111
- saksı 112
  - İÇİNDEKİLER 112
  - TEDAVİ 112
  - YUVARLAK 112
- KADİFE SOS 113
  - İÇİNDEKİLER 113
  - TEDAVİ 113
  - YUVARLAK 113
- sos sosu 114

İÇİNDEKİLER 114
TEDAVİ 114
YUVARLAK 114
NANELİ TATLI ŞARAPTA KIRMIZI MEYVELER 115
   İÇİNDEKİLER 115
   TEDAVİ 115
   YUVARLAK 115
   YUVARLAK 116
VİSKİLİ TAVUK PINAS 117
   İÇİNDEKİLER 117
   TEDAVİ 117
   YUVARLAK 117
IZGARA ÖRDEK 117
   İÇİNDEKİLER 118
   TEDAVİ 118
   YUVARLAK 118
VİLLAROY TAVUK GÖĞSÜ 120
   İÇİNDEKİLER 120
   TEDAVİ 120
   YUVARLAK 121
Limonlu hardal soslu tavuk göğsü 122
   İÇİNDEKİLER 122
   TEDAVİ 122
   YUVARLAK 123
KAHVELİ MANTARLI KAVRULMUŞ PINTADA 124
   İÇİNDEKİLER 124

TEDAVİ 124

YUVARLAK 125

VİLLAROY TAVUK GÖĞSÜ KARAMELİZE PİKULLOS İLE OLGUN SİRKELİ 126

İÇİNDEKİLER 126

TEDAVİ 126

YUVARLAK 127

Pancetta, MANTAR VE PEYNİR SÜRMELİ TAVUK GÖĞSÜ 128

İÇİNDEKİLER 128

TEDAVİ 128

YUVARLAK 129

KAHVE İLE TATLI ŞARAP TAVUK 130

İÇİNDEKİLER 130

TEDAVİ 130

YUVARLAK 131

KAHUJLU TURUNCU TAVUK GÖĞSÜ 132

İÇİNDEKİLER 132

TEDAVİ 132

YUVARLAK 132

MARİNE ŞALGAM 133

İÇİNDEKİLER 133

TEDAVİ 133

YUVARLAK 133

TAVUK AVCI 134

İÇİNDEKİLER 134

TEDAVİ 134

YUVARLAK 135
COCA COLA TARZI TAVUK KANAT 136
    İÇİNDEKİLER 136
    TEDAVİ 136
    YUVARLAK 136
SARIMSAKLI TAVUK 137
    İÇİNDEKİLER 137
    TEDAVİ 137
    YUVARLAK 138
TAVUK ÇOCUK 139
    İÇİNDEKİLER 139
    TEDAVİ 139
    YUVARLAK 140
Bıldırcın ve KIRMIZI MEYVELERLE MARİNE EDİLMİŞTİR 141
    İÇİNDEKİLER 141
    TEDAVİ 141
    YUVARLAK 142
LİMONLU TAVUK 143
    İÇİNDEKİLER 143
    TEDAVİ 143
    YUVARLAK 144
SERRANO JAMONLU, CASAR PASTA VE ROKETLİ SAN JACOBO TAVUK 145
    İÇİNDEKİLER 145
    TEDAVİ 145
    YUVARLAK 145

FIRINDA KÖRİ TAVUK 146
    İÇİNDEKİLER 146
    TEDAVİ 146
    YUVARLAK 146
KIRMIZI ŞARAPTA TAVUK 147
    İÇİNDEKİLER 147
    TEDAVİ 147
    YUVARLAK 148
SİYAH BİRA KAVRULMUŞ TAVUK 149
    İÇİNDEKİLER 149
    TEDAVİ 149
    YUVARLAK 149
ÇİKOLATA SABUN 151
    İÇİNDEKİLER 151
    TEDAVİ 151
    YUVARLAK 152
KIRMIZI MEYVE SOSLU KAVRULMUŞ DÖRT TOPUK 153
    İÇİNDEKİLER 153
    TEDAVİ 153
    YUVARLAK 154
ŞEFTALİ SOSLU KAVURMUŞ TAVUK 155
    İÇİNDEKİLER 155
    TEDAVİ 155
    YUVARLAK 156
Ispanaklı ve mozarellalı tavuk fileto ezmesi 157
    İÇİNDEKİLER 157

- TEDAVİ 157
- YUVARLAK 157
- CAVA'LI KIZARMIŞ TAVUK 158
  - İÇİNDEKİLER 158
  - TEDAVİ 158
  - YUVARLAK 158
- Fıstık Soslu Tavuk Şiş 159
  - İÇİNDEKİLER 159
  - TEDAVİ 159
  - YUVARLAK 160
- PEPITORYA TAVUK 161
  - İÇİNDEKİLER 161
  - TEDAVİ 161
  - YUVARLAK 162
- PORTAKALLI TAVUK 163
  - İÇİNDEKİLER 163
  - TEDAVİ 163
  - YUVARLAK 164
- PORCINI ile tavuk yahnisi 165
  - İÇİNDEKİLER 165
  - TEDAVİ 165
  - YUVARLAK 166
- FINDIKLI VE SOYALI SAMAN TAVUK 167
  - İÇİNDEKİLER 167
  - TEDAVİ 167
  - YUVARLAK 168

KAVRULMUŞ BADEMLİ ÇİKOLATA TAVUK 169
    İÇİNDEKİLER 169
    TEDAVİ 169
    YUVARLAK 170
BİBERLİ HARDAL SOSLU KUZU ŞİŞİ 171
    İÇİNDEKİLER 171
    TEDAVİ 171
    YUVARLAK 172
LİMAN DOLU DANA DÖGÜ 173
    İÇİNDEKİLER 173
    TEDAVİ 173
    YUVARLAK 174
MADRİLEYA KÖFTE 175
    İÇİNDEKİLER 175
    TEDAVİ 176
    YUVARLAK 176
ÇİKOLATALI DANA ÇİNİ 177
    İÇİNDEKİLER 177
    TEDAVİ 177
    YUVARLAK 178
TATLI ŞARAP SOSLU CONFIT YATAKLI DOMUZ ÇATI 179
    İÇİNDEKİLER 179
    TEDAVİ 179
    YUVARLAK 180
ETİKETLİ TAVŞAN 181
    İÇİNDEKİLER 181

TEDAVİ	181
YUVARLAK	182
FINDIK SOSLU PEPITORIA KÖFTE	183
İÇİNDEKİLER	183
TEDAVİ	184
YUVARLAK	184
SİYAH BİRA İLE DANA PİŞİRME	185
İÇİNDEKİLER	185
TEDAVİ	185
YUVARLAK	186
MADRLET TRIFES	187
İÇİNDEKİLER	187
TEDAVİ	187
YUVARLAK	188
ELMA VE NANELİ TIKLA KAVRULMUŞ BALIK	189
İÇİNDEKİLER	189
TEDAVİ	189
YUVARLAK	190
AHUDUDU SOSLU TAVUK KÖFTE	191
İÇİNDEKİLER	191
TEDAVİ	192
YUVARLAK	192
KUZU GÜVEÇ	193
İÇİNDEKİLER	193
TEDAVİ	193
YUVARLAK	194

tavşan misk kedisi 195
    İÇİNDEKİLER 195
    TEDAVİ 195
    YUVARLAK 196
BİBERLİ TAVŞAN 197
    İÇİNDEKİLER 197
    TEDAVİ 197
    YUVARLAK 197
KÖRİ SOSLU PEYNİRLİ TAVUK KÖFTE 198
    İÇİNDEKİLER 198
    TEDAVİ 199
    YUVARLAK 199
KIRMIZI ŞARAPLI YASTIKLAR 200
    İÇİNDEKİLER 200
    TEDAVİ 200
    YUVARLAK 201
COCHIFRITO NAVARRA 202
    İÇİNDEKİLER 202
    TEDAVİ 202
    YUVARLAK 202
Fıstık Soslu Fıstık Yahnisi 203
    İÇİNDEKİLER 203
    TEDAVİ 203
    YUVARLAK 204
YANMIŞ DOMUZ 205
    İÇİNDEKİLER 205

TEDAVİ ... 205
YUVARLAK ... 205
KARBON DERZ KAVRULMUŞ ... 206
    İÇİNDEKİLER ... 206
    TEDAVİ ... 206
    YUVARLAK ... 206
TAVŞAN AVLAMAK ... 207
    İÇİNDEKİLER ... 207
    TEDAVİ ... 207
    YUVARLAK ... 208
MADRİLEAA BUZAĞI PULU ... 209
    İÇİNDEKİLER ... 209
    TEDAVİ ... 209
    YUVARLAK ... 209
MANTAR TAVŞAN SOS ... 210
    İÇİNDEKİLER ... 210
    TEDAVİ ... 210
    YUVARLAK ... 211
BEYAZ ŞARAP VE BALDA İBER DOMUZ YENGEÇ ... 212
    İÇİNDEKİLER ... 212
    TEDAVİ ... 212
    YUVARLAK ... 213

BİBER ÇİKOLATA ARMUT

İÇİNDEKİLER

150 gr çikolata

85 gr şeker

½ litre süt

4 armut

1 çubuk tarçın

10 karabiber

TEDAVİ

Armutları saplarını çıkarmadan soyun. Sütte şeker, tarçın çubuğu ve karabiber ile 20 dakika kaynatın.

Armutları çıkarın, sütü süzün ve çikolatayı ekleyin. Koyulaşana kadar sürekli karıştırarak azaltın. Armutları çikolata sosuyla servis edin.

YUVARLAK

Armutlar pişince uzunlamasına açın, çekirdeklerini çıkarın ve üzerini mascarpone ve şekerle süsleyin. Kapatın ve baharatlayın. Sevimli.

ÜÇLÜ ÇİKOLATALI KEKLİ KEK

İÇİNDEKİLER

150 gr beyaz çikolata

150 gr bitter çikolata

150 gr sütlü çikolata

450 ml krema

450 ml süt

4 yemek kaşığı tereyağı

1 paket meryem bisküvi

3 torba lor

TEDAVİ

Bisküvileri ufalayın ve tereyağını eritin. Bisküvileri tereyağ ile karıştırıp kek tabanını çıkarılabilir formda yapın. 20 dk buzlukta dinlenmeye bırakın.

Bu sırada 150 gr süt, 150 gr krema ve 150 gr çikolatayı bir kapta ısıtın. Kaynamaya başlar başlamaz 1 poşet lor bir bardakta biraz sütle seyreltilir ve kaptaki karışıma ilave edilir. Tekrar kaynadığı anda çıkarın.

Kurabiye hamurunun üzerine ilk çikolatayı koyun ve 20 dk buzlukta bekletin.

Diğer çikolataya da aynısını yapın ve ilk katın üzerine yerleştirin. Ve işlemi üçüncü çikolata ile tekrarlayın. Servise hazır olana kadar dondurucuda veya buzdolabında dinlenmeye bırakın.

YUVARLAK

Nane veya portakal gibi başka çikolatalar da kullanılabilir.

İSVİÇRE BEZE

İÇİNDEKİLER

250 gr şeker

4 yumurta akı

Bir tutam tuz

Birkaç damla limon suyu

TEDAVİ

Yumurta aklarını sert bir kıvam alana kadar çırpma teli ile çırpın. Limon suyu, bir tutam tuz ve şekeri azar azar ve çırpmaya ara vermeden ekleyin.

Şekeri eklemeyi bitirince 3 dakika daha çırpın.

YUVARLAK

Dövülmüş yumurta akı sert olduğunda, point de pointe veya point de neige'den söz ederiz.

FINDIK KREMALI MUZLU KREP

İÇİNDEKİLER

100 gr un

25 gr tereyağı

25 gr şeker

1½ dl süt

8 yemek kaşığı fındık kreması

2 yemek kaşığı rom

1 yemek kaşığı pudra şekeri

2 muz

1 yumurta

½ torba maya

TEDAVİ

Yumurta, maya, rom, un, şeker ve sütü birlikte çırpın. 30 dakika buzdolabında dinlenmeye bırakın.

Yağı yapışmaz bir tavada kısık ateşte ısıtın ve tüm yüzeye ince bir hamur tabakası yayın. Hafifçe renklenene kadar çevirin.

Muzları soyup dilimleyin. Her gözleme üzerine 2 yemek kaşığı fındık kreması ve ½ muz sürün. Mendil şeklinde kapatın ve pudra şekeri serpin.

YUVARLAK

Krep önceden yapılabilir. Tükendiklerinde, her iki tarafına da biraz tereyağı koyarak bir tavada ısıtın.

ÇİKOLATA BAZLI LİMON BAR

İÇİNDEKİLER

400 ml süt

300 gr şeker

250 gr un

125 gr tereyağı

50 gr kakao

50 gr mısır nişastası

5 yumurta sarısı

2 limon suyu

TEDAVİ

Kumlu bir karışım elde etmek için un, tereyağı, 100 gr şeker ve kakaoyu karıştırın. Ardından elinize yapışmayan bir hamur elde edene kadar su ekleyin. Bir kalıba dökün, bu kremayı dökün ve 170°C'de 20 dakika pişirin.

Alternatif olarak sütü ısıtın. Bu sırada yumurta sarılarını ve kalan şekeri biraz beyazla çırpın. Daha sonra nişastayı ekleyip süt ile karıştırın. Koyulaşana kadar karıştırmayı bırakmadan ısıtın. Limon suyunu ekleyin ve karıştırmaya devam edin.

Tabanı krema ile doldurarak pastayı birleştirin. Servis yapmadan önce 3 saat buzdolabında dinlenmeye bırakın.

YUVARLAK

Pastaya mükemmel bir tazelik dokunuşu vermek için limonlu kremaya biraz nane yaprağı ekleyin.

TİRAMİSU

İÇİNDEKİLER

500 gr mascarpone

120 gr şeker

1 paket bisküvi

6 yumurta

Amaretto (veya kavrulmuş rom)

Cezveli 1 uzun bardak (tadına göre tatlandırılmış)

kakao tozu

tuz

TEDAVİ

Yumurta aklarını ve sarılarını ayırın. Yumurta sarılarını çırpın ve şekerin yarısını ve mascarpone'u ekleyin. Zarflama hareketleriyle çırpın ve bir kenara koyun. Yumurta aklarını sert (veya sert) bir tutam tuzla çırpın. Çırpmak üzereyken şekerin diğer yarısını da ekleyin ve çırpmayı bitirin. Yumurta sarılarını ve beyazlarını yumuşak ve saran hareketlerle karıştırın.

Bisküvileri iki tarafını da (çok ıslatmadan) kahve ve liköre batırıp bir kabın dibine dizin.

Bisküvilerin üzerine bir kat yumurta ve peynir kreması sürün. Soletilla bisküvilerini tekrar ıslatıp hamurun üzerine dizin. Peynir ezmesi ile bitirin ve kakao tozu serpin.

YUVARLAK

Hazırlandıktan iki gün sonra gece veya daha iyi yiyin.

INTXAURSALSA (YEMİŞ KREMASI)

İÇİNDEKİLER

125 gr soyulmuş ceviz

100 gr şeker

1 litre süt

1 küçük çubuk tarçın

TEDAVİ

Sütü tarçınla kaynatın ve şeker ve kıyılmış ceviz ekleyin.

2 saat kısık ateşte pişirin ve servis yapmadan önce soğumaya bırakın.

YUVARLAK

Sütlaçla benzer bir kıvama sahip olmalıdır.

SÜT BERJESİ

İÇİNDEKİLER

175 gr şeker

1 litre süt

1 limon kabuğu

1 çubuk tarçın

3 veya 4 yumurta akı

Toz tarçın

TEDAVİ

Sütü tarçın çubuğu ve limon kabuğu ile kısık ateşte kaynamaya başlayana kadar ısıtın. Hemen şekeri ekleyin ve 5 dakika daha pişirin. Kenara alıp buzdolabında soğumaya bırakın.

Soğuyunca yumurta aklarını kar haline gelene kadar çırpın ve sütü ilave ederek sarın. Öğütülmüş tarçın ile servis yapın.

YUVARLAK

Rakipsiz bir granita için, dondurucuya koyun ve tamamen donana kadar her saat bir çatalla kazıyın.

KEDİ DİLİ

İÇİNDEKİLER

350 gr gevşek un

250 gr tuzsuz tereyağı

250 gr pudra şekeri

5 yumurta akı

1 yumurta

vanilya aroması

tuz

TEDAVİ

Tereyağı, pudra şekeri, bir tutam tuz ve biraz vanilya esansını bir kaseye koyun. İyice çırpın ve yumurtayı ekleyin. Çırpmaya devam edin ve çırpmaya devam ederken yumurta aklarını teker teker ekleyin. Unu çok karıştırmadan bir kerede ekleyin.

Kremayı düz uçlu bir ağızlıkta saklayın ve yaklaşık 10 cm'lik şeritler yapın. Tepsiyi masaya vurarak hamurun yayılmasını sağlayın ve 200°C'de kenarları iyice renk alana kadar pişirin.

YUVARLAK

Çeşitli kedi dilleri yapmak için hamura 1 yemek kaşığı hindistan cevizi tozu ekleyin.

PORTAKAL BİSKÜVİ

İÇİNDEKİLER

220 gr un

200 gr şeker

4 yumurta

1 küçük portakal

1 maya üzerinde

Toz tarçın

220 gr ayçiçek yağı

TEDAVİ

Yumurtaları şeker, tarçın ve portakal kabuğu ve suyu ile karıştırın.

Yağı ekleyin ve karıştırın. Elenmiş un ve kabartma tozunu ekleyin. Bu karışımı 15 dakika dinlendirip muffin kalıplarına paylaştırın.

Fırını 200°C'ye ısıtın ve üzeri kızarana kadar 15 dakika pişirin.

YUVARLAK

Hamura damla çikolata ekleyebilirsiniz.

LİMANLI KAVRULMUŞ ELMA

İÇİNDEKİLER

80 gr tereyağı (4 adet)

8 yemek kaşığı porto şarabı

4 yemek kaşığı şeker

4 adet pipo elma

TEDAVİ

Elmaları soyun. Şekerle doldurun ve üstüne tereyağı koyun.

175°C'de 30 dakika pişirin. Bu sürenin sonunda her elmaya 2 yemek kaşığı porto şarabı serpin ve 15 dakika daha pişirin.

YUVARLAK

Bir top vanilyalı dondurma ile sıcak servis yapın ve saldıkları meyve suyunun üzerine gezdirin.

PİŞMİŞ BEZE

İÇİNDEKİLER

400 gr pudra şekeri

100 gr pudra şekeri

¼ litre yumurta akı

damla limon suyu

TEDAVİ

Yumurta aklarını bir topuzda limon suyu ve şekerle iyice karışana kadar çırpın. Ateşten alın ve çırpmaya devam edin (sıcaklık düştükçe beze koyulaşacaktır).

Pudra şekerini ekleyin ve beze tamamen soğuyana kadar çırpmaya devam edin.

YUVARLAK

Kek kaplamak ve süsleme yapmak için kullanılabilir. Yumurta beyazının donmaması için 60 ºC'yi geçmeyin.

KREM

İÇİNDEKİLER

170 gr şeker

1 litre süt

1 yemek kaşığı mısır nişastası

8 yumurta sarısı

1 limon kabuğu

Tarçın

TEDAVİ

Sütü limon kabuğu ve şekerin yarısı ile kaynatın. Kaynayınca altını kapatın ve ocaktan alıp dinlenmeye bırakın.

Ayrı bir kapta yumurta sarılarını kalan şeker ve mısır nişastası ile çırpın. Kaynamış sütün dörtte birini ekleyin ve karıştırmaya devam edin.

Sarısı karışımını sütün geri kalanına ekleyin ve sürekli karıştırarak pişirin.

İlk kaynamada 15 saniye çırpma teli ile çırpın. Ateşten alın ve 30 saniye daha çırpmaya devam edin. Süzün ve soğumaya bırakın. Tarçın serpin.

YUVARLAK

Aromalı muhallebi, çikolata, ezilmiş kurabiye, kahve, kıyılmış hindistan cevizi vb.

PANNA COTTA MORLU ŞEKER

İÇİNDEKİLER

150 gr) Şeker

100 gr mor şeker

½ litre krema

½ litre süt

9 yaprak jelatin

TEDAVİ

Jelatin tabakaları soğuk suyla nemlendirin.

Krema, süt, şeker ve karamelleri bir sos tenceresinde eriyene kadar ısıtın.

Ocaktan aldıktan sonra jelatini ekleyin ve tamamen eriyene kadar karıştırın.

Kalıplara dökün ve en az 5 saat buzdolabında bekletin.

YUVARLAK

Bu tarifi kahveli şeker, karamel vb. ekleyerek çeşitlendirebilirsiniz.

narenciye kurabiyeleri

İÇİNDEKİLER

220 gr yumuşak tereyağı

170 gr un

55 gr pudra şekeri

35 gr mısır nişastası

5 gr portakal kabuğu

5 gr limon kabuğu

2 yemek kaşığı portakal suyu

1 yemek kaşığı limon suyu

1 yumurta akı

vanilya aroması

TEDAVİ

Tereyağı, yumurta akı, portakal suyu, limon suyu, narenciye kabuğu rendesi ve bir tutam vanilya esansını çok yavaş bir şekilde karıştırın. Karıştırın ve elenmiş un ve mısır nişastasını ekleyin.

Hamuru halka uçlu bir ağızlığa koyun ve pişirme kağıdının üzerine 7 cm'lik daireler çizin. 175°C'de 15 dakika pişirin.

Bisküvileri pudra şekeri ile serpin.

YUVARLAK
Karışıma öğütülmüş karanfil ve zencefil ekleyin. Sonuç mükemmel.

MANGA MAKARNA

İÇİNDEKİLER

550 gr gevşek un

400 gr yumuşak tereyağı

200 gr pudra şekeri

125 gr süt

2 yumurta

vanilya aroması

tuz

TEDAVİ

Un, şeker, bir tutam tuz ve bir tutam vanilya özünü karıştırın. Çok soğuk yumurtaları teker teker eklemeyin. Hafif ılık sütte ıslatın ve elenmiş unu ekleyin.

Hamuru halka uçlu bir ağızlığa koyun ve pişirme kağıdına biraz dökün. 180°C'de 10 dakika pişirin.

YUVARLAK

Dışına biraz toz badem ekleyebilir, çikolataya batırabilir veya üzerine vişne yapıştırabilirsiniz.

YOĞURTLU KEK

İÇİNDEKİLER

375 gr un

250 gr sade yoğurt

250 gr şeker

1 poşet kabartma tozu

5 yumurta

1 küçük portakal

1 limon

125 gr ayçiçek yağı

TEDAVİ

Yumurta ve şekeri mikserle 5 dk çırpın. Yoğurt, yağ, narenciye kabuğu ve meyve suyu ile karıştırın.

Un ve kabartma tozunu eleyerek yoğurda ekleyin.

Bir kalıbı yağlayıp unlayın. Hamuru dökün ve 165 ºC'de yaklaşık 35 dakika pişirin.

YUVARLAK

Farklı kurabiyeler yapmak için aromalı yoğurt kullanın.

BİBERİYELİ muz kompostosu

İÇİNDEKİLER

30 gr tereyağı

1 dal biberiye

2 muz

TEDAVİ

Muzları soyup dilimleyin.

Onları bir tencereye koyun, üzerini kapatın ve çok kısık ateşte tereyağı ve biberiye ile muz kompostoyu andırana kadar pişirin.

YUVARLAK

Bu komposto hem domuz pirzolası hem de çikolatalı kek ile iyi gider. Daha tatlı olması için pişirme sırasında 1 yemek kaşığı şeker ekleyebilirsiniz.

BRULE KREM

İÇNDEKİLER

100 gr esmer şeker

100 gr beyaz şeker

400cl krema

300cl süt

6 yumurta sarısı

1 vanilya çubuğu

TEDAVİ

Vanilya çubuğunu açın ve tohumları çıkarın.

Sütü beyaz şeker, yumurta sarısı, krema ve vanilya çubuğu ile bir kapta çırpın. Bu karışımla tek tek kalıpları doldurun.

Fırını 100°C'ye ısıtın ve benmari usulü 90 dakika pişirin. Soğuyunca üzerine esmer şeker serpin ve bir meşale ile yakın (veya fırını ızgara modunda önceden ısıtın ve şeker hafifçe yanana kadar pişirin).

YUVARLAK

Lezzetli bir kakao kreması için kremaya veya süte 1 yemek kaşığı hazır kakao ekleyin.

ÇİNGEN KOLLARI KREMA DOLU

İÇİNDEKİLER

250 gr çikolata

125 gr şeker

½ litre krema

Soletillake Bisküvi (Tatlılar bölümüne bakın)

TEDAVİ

Soletilla ile pandispanya yapın. Krem şanti ile doldurun ve kendi üzerine sarın.

Şekeri 125 gr su ile bir tencerede kaynatın. Çikolatayı ekleyin, karıştırmayı bırakmadan 3 dakika erimesini sağlayın ve rulonun üzerini çikolata ile kapatın. Servis yapmadan önce dinlenmeye bırakın.

YUVARLAK

Daha eksiksiz ve lezzetli bir tatlının tadını çıkarmak için şuruptaki kremaya küçük meyve parçaları ekleyin.

YUMURTA FLANESİ

İÇİNDEKİLER

200 gr şeker

1 litre süt

8 yumurta

TEDAVİ

Şekerle kısık ateşte ve karıştırmadan karamel yapın. Kızarmış bir renk aldığında ocaktan alın. Bireysel flanşlarda veya herhangi bir şekilde dağıtın.

Süt ve yumurtaları köpük oluşmasını önleyerek çırpın. Kalıplara yerleştirmeden önce görünüyorsa tamamen çıkarın.

Karamelin üzerine dökün ve benmari usulü 165°C'de yaklaşık 45 dakika veya bir iğne temiz çıkana kadar pişirin.

YUVARLAK

Aynı tarif, lezzetli bir puding yapmak için kullanılır. Sadece önceki gün kruvasan, kek, kraker ekleyin... karışıma.

JORDGUB CAVA JÖLESİ

İÇİNDEKİLER

500 gr şeker

150 gr çilek

1 şişe köpüklü şarap

½ torba jelatin yaprak

TEDAVİ

Kavayı ve şekeri bir tencerede ısıtın. Önceden soğuk suda hidratlanmış jelatini ocaktan alın.

Martini bardaklarında çileklerle birlikte servis yapın ve donana kadar buzdolabında bekletin.

YUVARLAK

Herhangi bir tatlı şarap ve kırmızı meyvelerle de yapılabilir.

çörek

İÇİNDEKİLER

150 gr un

30 gr tereyağı

250 ml süt

4 yumurta

1 limon

TEDAVİ

Süt ve tereyağını limon kabuğu ile birlikte kaynatın. Kaynayınca kabuğunu alın ve unu bir kerede ekleyin. Isıyı kapatın ve 30 saniye karıştırın.

Ateşi tekrar açın ve hamur kabın kenarlarına yapışana kadar bir dakika daha karıştırın.

Hamuru bir kaseye dökün ve yumurtaları birer birer ekleyin (önceki hamura iyice karışana kadar bir sonrakini eklemeyin).

Bir sıkma torbası veya 2 kaşık kullanarak çörekleri küçük porsiyonlarda kızartın.

YUVARLAK

Krema, krema, çikolata vb. ile doldurulabilir.

SAINT JOHN TARAFINDAN COCA

İÇİNDEKİLER

350 gr un

100 gr tereyağı

40 gr çam fıstığı

250 ml süt

1 poşet kabartma tozu

1 limon kabuğu

3 yumurta

şeker

tuz

TEDAVİ

Un ve kabartma tozunu eleyin. Karıştırın ve bir volkan yapın. Ortasına kabuğu, 110 gr şeker, tereyağı, süt, yumurta ve bir tutam tuz koyun. Hamur elinize yapışmayana kadar iyice yoğurun.

İnce bir dikdörtgen şekli elde edene kadar merdane ile açın. Pişirme kağıdı serili tepsiye dizin ve 30 dakika mayalanmaya bırakın.

Kolaya yumurta sürün, üzerine çam fıstığı ve 1 yemek kaşığı şeker serpin. 200 ºC'de yaklaşık 25 dakika pişirin.

BOLOGNA SOS

İÇİNDEKİLER

600 gr doğranmış domates

500 gr kıyma

1 bardak kırmızı şarap

3 havuç

2 adet kereviz (isteğe bağlı)

2 diş sarımsak

1 soğan

köken

şeker

Zeytin yağı

Tuz ve biber

TEDAVİ

Soğanı, sarımsağı, kereviz sapını ve havucu ince ince doğrayın. Kahverengileşip sebzeler yumuşayınca eti ekleyin.

Etin pembe rengi kaybolunca baharatlandırın ve şarabın üzerine dökün. Yüksek ateşte 3 dakika azaltın.

Rendelenmiş domatesi ekleyin ve 1 saat kısık ateşte pişirin. Son olarak tuz ve şeker ekleyin ve tatmak için kekik ekleyin.

YUVARLAK

Bolognese her zaman makarna ile ilişkilendirilir, ancak pirinç pilavı ile çok iyidir.

BEYAZ BROTH (TAVUK VEYA DANA ETİ)

İÇİNDEKİLER

1 kg dana veya tavuk kemiği

1 dl beyaz şarap

1 sap kereviz

1 dal kekik

2 karanfil

1 defne yaprağı

1 temiz pırasa

1 temiz havuç

½ soğan

15 tane karabiber

TEDAVİ

Tüm malzemeleri bir tencereye koyun. Su ile örtün ve orta ateşte kaynatın. Kaynamaya başlayınca süzün. 4 saat pişirin.

Filtreleyin ve başka bir kaba aktarın. Hızlı bir şekilde buzdolabında saklayın.

YUVARLAK

Bozulma olasılığı daha yüksek olduğundan kullanmadan önce tuzlamayın. Soslar, çorbalar, pirinç yemekleri, güveçler vb. yapmak için stok tabanı olarak kullanılır.

DOMATES

İÇİNDEKİLER

1 kilo domates

120 gr soğan

2 diş sarımsak

1 dal biberiye

1 dal kekik

şeker

1 yk zeytinyağı

tuz

TEDAVİ

Soğan ve sarımsağı küçük parçalar halinde kesin. Bir tencerede 10 dakika hafifçe kızartın.

Kiraz domatesleri kesin ve aromatik bitkilerle birlikte tavaya koyun. Domatesler suyunu tamamen çekene kadar pişirin.

Gerekirse tuzlayın ve şekeri ayarlayın.

YUVARLAK

Önceden hazırlanıp buzdolabında hava geçirmez bir kapta saklanabilir.

ROBERTO SOS

İÇİNDEKİLER

200 gr taze soğan

100 gr tereyağı

½ litre et suyu

¼ litre beyaz şarap

1 yemek kaşığı un

1 yemek kaşığı hardal

Tuz ve biber

TEDAVİ

Doğranmış soğanı tereyağında soteleyin. Unu ekleyin ve 5 dakika hafifçe pişirin.

Ateşi yükseltin, şarabı ekleyin ve sürekli karıştırarak yarı yarıya azaltın.

Stoku ekleyin ve 5 dakika daha pişirin. Ateşten aldıktan sonra hardalı ekleyin ve tuz ve karabiber ekleyin.

YUVARLAK

Domuz eti eşlik etmek için mükemmeldir.

PEMBE SOS

İÇNDEKİLER

250 g mayonez sosu (Et suları ve soslar bölümüne bakın)

2 yemek kaşığı ketçap

2 kaşık konyak

½ portakal suyu

Tabasko

Tuz ve biber

TEDAVİ

Mayonez, ketçap, brendi, meyve suyu, bir tutam tabasco, tuz ve karabiberi karıştırın. Pürüzsüz bir sos elde edene kadar iyice çırpın.

YUVARLAK

Sosu daha homojen hale getirmek için ½ yemek kaşığı hardal ve 2 yemek kaşığı sıvı krema ekleyin.

BALIK ÇANTASI

İÇİNDEKİLER

500 gr beyaz balık kılçığı veya başı

1 dl beyaz şarap

1 dal maydanoz

1 pırasa

½ küçük soğan

5 karabiber

TEDAVİ

Tüm malzemeleri bir tencereye koyun ve 1 litre soğuk su ile örtün. Orta ateşte 20 dakika köpürtmeden pişirin.

Filtreleyin, kapları değiştirin ve hızlıca buzdolabında saklayın.

YUVARLAK

Bozulma olasılığı daha yüksek olduğundan kullanmadan önce tuzlamayın. Sosların, pirinç yemeklerinin, çorbaların vb. temelidir.

ALMAN SOSU

İÇİNDEKİLER

35 gr tereyağı

35 gr un

2 yumurta sarısı

½ litre et suyu (balık, et, kümes hayvanları vb.)

tuz

TEDAVİ

Unu tereyağında 5 dakika kısık ateşte kavurun. Et suyunu bir anda ekleyin ve orta ateşte sürekli karıştırarak 15 dakika daha pişirin. Tuzlu sezon.

Ocaktan alıp çırpmaya ara vermeden yumurta sarılarını ekleyin.

YUVARLAK

Sarıların pıhtılaşmaması için çok fazla ısıtmayın.

CESUR SOSU

İÇİNDEKİLER

750 gr kızarmış çeri domates

1 küçük bardak beyaz şarap

3 yemek kaşığı sirke

10 çiğ badem

10 biber

5 dilim ekmek

3 diş sarımsak

1 soğan

şeker

Zeytin yağı

tuz

TEDAVİ

Bir tavada bütün sarımsağı kavurun. Kaldır ve rezerve et. Bademleri aynı yağda kavurun. Kaldır ve rezerve et. Ekmeği aynı tavada kızartın. Kaldır ve rezerve et.

Aynı yağda jülyen şeritler halinde doğranmış soğanı biberle birlikte kavurun. Kaynayınca sirke ve bir kadeh şarapla ıslatın. Yüksek ateşte 3 dakika azaltın.

Domates, sarımsak, badem ve ekmek ekleyin. Karıştırarak ve gerekirse tuz ve şeker ekleyerek 5 dakika pişirin.

YUVARLAK

Bireysel buz küpü tepsilerinde dondurulabilir ve sadece ihtiyaç duyulduğunda kullanılabilir.

SİYAH BOUILLON (TAVUK VEYA DANA ETİ)

İÇİNDEKİLER

5 kg dana veya tavuk budu

500 gr domates

250 gr havuç

250 gr pırasa

125 gr soğan

½ litre kırmızı şarap

5 litre soğuk su

1 dal

3 defne yaprağı

2 dal kekik

2 dal biberiye

15 karabiber

TEDAVİ

Bacakları 185°C'de hafifçe kızarana kadar pişirin. Aynı tavaya temizlenmiş ve orta boy doğranmış sebzeleri ekleyin. Sebzeleri kızartın.

Kemikleri ve sebzeleri büyük bir tencereye koyun. Şarabı ve otları ekleyin, ardından suyu ekleyin. Kısık ateşte ara sıra karıştırarak 6 saat pişirin. Süzün ve soğumaya bırakın.

YUVARLAK

Pek çok sosun, yahnilerin, risottoların, çorbaların vb. temelidir. Et suyu soğuk olduğunda yağ üstte katılaşmış halde kalır. Bu, çıkarılmasını kolaylaştırır.

PİKO MOJO

İÇİNDEKİLER

8 yemek kaşığı sirke

2 çay kaşığı kimyon

2 çay kaşığı tatlı kırmızı biber

2 baş sarımsak

3 acı biber

30 yemek kaşığı sıvı yağ

kaba tuz

TEDAVİ

Kırmızı biber hariç tüm katı malzemeleri havanda püre haline getirin.

Kırmızı biberi ekleyin ve püreye devam edin. Pürüzsüz ve emülsifiye bir sos elde edilene kadar sıvıları yavaş yavaş ekleyin.

YUVARLAK

Meşhur çıtır çıtır patateslerin yanına ya da ızgara balıklara eşlik etmek için mükemmeldir.

PESTO SOS

İÇİNDEKİLER

100 gr çam fıstığı

100 gr parmesan

1 demet taze fesleğen

1 diş sarımsak

tatlı zeytinyağı

TEDAVİ

Çam fıstığının çıtırlığını fark etmek için tüm malzemeleri çok homojen bırakmadan karıştırın.

YUVARLAK

Çam fıstığını cevizle, fesleğen yerine taze roka kullanabilirsiniz. Başlangıçta harçtan yapılmıştır.

TATLI VE EKŞİ SOS

İÇİNDEKİLER

100 gr şeker

100 ml sirke

50 ml soya sosu

1 limon kabuğu

1 portakalın kabuğu

TEDAVİ

Şeker, sirke, soya sosu ve narenciye kabuğunu 10 dakika kaynatın. Kullanmadan önce soğumaya bırakın.

YUVARLAK

Çin böreği için mükemmel bir aksesuardır.

YEŞİL MOJİTOS

İÇİNDEKİLER

8 yemek kaşığı sirke

2 çay kaşığı kimyon

4 top yeşil biber

2 baş sarımsak

1 demet maydanoz veya kişniş

30 yemek kaşığı sıvı yağ

kaba tuz

TEDAVİ

Bir macun oluşturana kadar tüm katıları karıştırın.

Pürüzsüz ve emülsifiye bir sos elde edilene kadar sıvıları yavaş yavaş ekleyin.

YUVARLAK

Streç filme sarılarak, buzdolabında birkaç gün soğutularak sorunsuz bir şekilde saklanabilir.

BEŞAMELLA SOS

İÇİNDEKİLER

85 gr tereyağı

85 gr un

1 litre süt

küçük hindistan cevizi

Tuz ve biber

TEDAVİ

Tereyağını bir tavada eritin, unu ekleyin ve sürekli karıştırarak 10 dakika kısık ateşte pişirin.

Sütü birden ekleyin ve 20 dakika daha pişirin. Karıştırmaya devam edin. Tuz, karabiber ve hindistan cevizi ile tatlandırın.

YUVARLAK

Topaklanmaması için un ile tereyağını kısık ateşte pişirin ve karışım neredeyse sıvı hale gelene kadar çırpmaya devam edin.

sos avcısı

İÇİNDEKİLER

200 gr mantar

200 gr domates sosu

125 gr tereyağı

½ litre et suyu

¼ litre beyaz şarap

1 yemek kaşığı un

1 taze soğan

Tuz ve biber

TEDAVİ

İnce kıyılmış taze soğanları tereyağında orta ateşte 5 dakika kadar kavurun.

Temizlenmiş ve dörde bölünmüş mantarları ekleyin ve ısıyı yükseltin. Su bitene kadar 5 dakika daha kaynatın. Unu ekleyin ve sürekli karıştırarak 5 dakika daha pişirin.

Şarapla ıslatın ve buharlaşmasına izin verin. Domates sosu ve et suyunu ekleyin. 5 dakika daha pişirin.

YUVARLAK

Buzdolabında saklayın ve yüzeyde kabuk oluşmaması için üzerine hafif bir tereyağı tabakası yayın.

AIOLI SOS

İÇİNDEKİLER

6 diş sarımsak

sirke

½ litre hafif zeytinyağı

tuz

TEDAVİ

Sarımsağı tuzla birlikte havanda macun kıvamına gelene kadar ezin.

Kalın bir sos elde edene kadar havaneli ile sürekli karıştırarak yağı yavaş yavaş ekleyin. Sosa bir tutam sirke ekleyin.

YUVARLAK

Sarımsağı bastırırken 1 yumurta sarısı eklerseniz sosu hazırlamak daha kolay olur.

AMERİKAN SOS

İÇİNDEKİLER

150 gr karides

250 gr karides ve karides ve başları

250 gr olgun domates

250 gr soğan

100 gr tereyağı

50 gr havuç

50 gr pırasa

½ litre balık suyu

1 dl beyaz şarap

½ dl konyak

1 yemek kaşığı un

1 seviye çay kaşığı acı kırmızı biber

1 dal kekik

tuz

TEDAVİ

Domates hariç sebzeleri küçük parçalar halinde tereyağında pişirin. Ardından kırmızı biberi ve unu kavurun.

Yengeci ve diğer kabuklu deniz hayvanlarının başlarını ve konyak ile flambeyi kızartın. Yengeç kuyruklarını saklayın ve karkasları et suyu ile öğütün. Kabuk kalmayıncaya kadar 2 veya 3 kez süzün.

Sebzelere et suyu, şarap, dörde bölünmüş domates ve kekik ekleyin. 40 dakika pişirin, ezin ve tuz ekleyin.

YUVARLAK

Biber dolması, maymunbalığı veya balık turtası için mükemmel sos.

GÜN DOĞUMU SOS

İÇİNDEKİLER

45 gr tereyağı

½ l kadifemsi sos (Et suları ve soslar bölümüne bakın)

3 yemek kaşığı domates sosu

TEDAVİ

Kadife sosu kaynatın, domates kaşıklarını ekleyin ve bir çırpma teli ile çırpın.

Ateşten alın, tereyağını ekleyin ve iyice karışana kadar karıştırmaya devam edin.

YUVARLAK

Baharatlı yumurtalara eşlik etmek için bu sosu kullanın.

BARBEKÜ SOSU

İÇİNDEKİLER

1 kutu kola

1 su bardağı domates sosu

1 su bardağı ketçap

½ su bardağı sirke

1 çay kaşığı kekik

1 çay kaşığı kekik

1 çay kaşığı kimyon

1 diş sarımsak

1 adet ezilmiş acı biber

½ soğan

Zeytin yağı

Tuz ve biber

TEDAVİ

Soğanı ve sarımsağı küçük küçük doğrayıp az yağda kavurun. Yumuşayınca domates, ketçap ve sirkeyi ekleyin.

3 dakika kaynatın. Acı biber ve baharatları ekleyin. Karıştırın, Coca-Cola'ya dökün ve kalın bir kıvam kalana kadar pişirin.

YUVARLAK

Bu, tavuk kanatları için mükemmel bir sostur. Bireysel buz küpü tepsilerinde dondurulabilir ve sadece ihtiyaç duyulduğunda kullanılabilir.

bernez sosu

İÇİNDEKİLER

250 gr sadeyağ

1 dl tarhun sirkesi

1 dl beyaz şarap

3 yumurta sarısı

1 arpacık soğan (veya ½ küçük taze soğan)

tarhun

Tuz ve biber

TEDAVİ

Doğranmış arpacıkları bir tavada sirke ve şarapla ısıtın. Yaklaşık 1 yemek kaşığı azaltın.

Tuzlu yumurta sarısını su banyosunda çırpın. İki katına çıkana kadar şarap ve sirke azaltma artı 2 yemek kaşığı soğuk su ekleyin.

Eritilmiş tereyağını yumurta sarılarına azar azar ekleyerek çırpmaya devam edin. Biraz kıyılmış tarhun ekleyin ve maksimum 50°C'de benmari usulü saklayın.

YUVARLAK

Bu sosu benmari usulü düşük ısıda muhafaza etmek kesilmemesi için önemlidir.

KARBONARA SOSU

İÇİNDEKİLER

200 gr pastırma

200 gr krema

150 gr parmesan

1 orta boy soğan

3 yumurta sarısı

Tuz ve biber

TEDAVİ

Doğranmış soğanı soteleyin. Kızardığında, şeritler halinde kesilmiş pastırmayı ekleyin ve altın rengi kahverengi olana kadar ocakta bırakın.

Ardından krema, tuz ve karabiberi ekleyip 20 dakika pişirin.

Ateşten aldıktan sonra rendelenmiş peynir, yumurta sarısı ekleyin ve karıştırın.

YUVARLAK

Başka bir sefer için artıklarınız varsa, ısıtıldıktan sonra, yumurtanın sertleşmemesi için çok uzun süre değil, kısık ateşte yapın.

Şarküteri sosu

İÇİNDEKİLER

200 gr taze soğan

100 gr turşu

100 gr tereyağı

½ litre et suyu

125cl beyaz şarap

125cl sirke

1 yemek kaşığı hardal

1 yemek kaşığı un

Tuz ve biber

TEDAVİ

Doğranmış soğanı tereyağında soteleyin. Unu ekleyin ve 5 dakika hafifçe pişirin.

Isıyı yükseltin ve şarap ve sirkeyi dökün ve sürekli karıştırarak yarı yarıya azaltın.

Et suyunu, jülyen şeritler halinde kesilmiş turşuyu ekleyin ve 5 dakika daha pişirin. Ateşten alın ve hardalı ekleyin. Mevsim.

YUVARLAK

Bu sos yağlı etler için idealdir.

CUMBERLAND SOS

İÇİNDEKİLER

150 gr kuş üzümü reçeli

½ dl porto şarabı

1 su bardağı koyu et suyu (Et Suyu ve Soslar bölümüne bakın)

1 çay kaşığı toz zencefil

1 yemek kaşığı hardal

1 arpacık

½ portakal kabuğu

½ limon kabuğu

½ portakal suyu

½ limon suyu

Tuz ve biber

TEDAVİ

Jülyen portakal ve limon kabuğu rendesi. Soğuk suda kaynatın ve 10 saniye kaynatın İşlemi iki kez tekrarlayın. Süzün ve soğumaya bırakın.

Arpacık soğanları ince ince doğrayın ve frenk üzümü reçeli, porto, et suyu, narenciye kabuğu ve suyu, hardal, zencefil, tuz ve karabiber ile sürekli karıştırarak 1 dakika pişirin. Soğumaya bırakın.

YUVARLAK

Ezme veya av yemeklerine aksesuar olarak mükemmel bir baharattır.

KÖRİ SOSU

İÇİNDEKİLER

200 gr soğan

2 yemek kaşığı un

2 kaşık köri

3 diş sarımsak

2 büyük domates

1 dal kekik

1 defne yaprağı

1 şişe hindistan cevizi sütü

1 elma

1 muz

Zeytin yağı

tuz

TEDAVİ

Yemeklik doğranmış soğan ve sarımsağı sıvı yağda kavurun. Köriyi ekleyin ve 3 dakika pişirin. Unu ekleyin ve sürekli karıştırarak 5 dakika daha pişirin.

Dörde bölünmüş domatesleri, otları ve hindistancevizi sütünü ekleyin. 30 dakika kısık ateşte pişirin. Soyulmuş ve doğranmış elma ve muzu ekleyin ve 5 dakika daha pişirin. Tuzu öğütün, süzün ve düzeltin.

YUVARLAK

Bu sosu daha az kalorili yapmak için hindistancevizi sütünü yarıya indirin ve tavuk suyuyla değiştirin.

SARIMSAKLI SOS

İÇİNDEKİLER

250 ml krema

10 diş sarımsak

Tuz ve biber

TEDAVİ

Sarımsakları soğuk suda 3 defa haşlayın. Soğuk suyu kaynatın, süzün ve kaynatın. Bu işlemi 3 kez tekrarlayın.

Beyazladıklarında krema ile aynı anda 25 dakika pişirin. Son olarak tuz ve karabiberle tatlandırın.

YUVARLAK

Tüm kremler aynı değildir. Çok kalınsa, biraz krema ekleyin ve 5 dakika daha pişirin. Ancak çok cıvıksa daha uzun süre pişirin. Balık için idealdir.

SADECE SOS

İÇİNDEKİLER

200 gr böğürtlen

25 gr şeker

250 ml İspanyol sosu (Et suları ve soslar bölümüne bakın)

100 ml tatlı şarap

2 yemek kaşığı sirke

1 yemek kaşığı tereyağı

Tuz ve biber

TEDAVİ

Şeker ile kısık ateşte karamel yapın. Sirke, şarap, böğürtlen ekleyin ve 15 dakika pişirin.

İspanyol sosunu dökün. Tuz ve karabiber ekleyin, karıştırın, süzün ve tereyağı ile kaynatın.

YUVARLAK

Oyun için mükemmel bir baharattır.

ELMA SOSU

İÇİNDEKİLER

250 ml krema

1 şişe elma şarabı

1 kabak

1 havuç

1 pırasa

tuz

TEDAVİ

Sebzeleri çubuklar halinde kesin ve yüksek ateşte 3 dakika kızartın. Elma şarabını dökün ve 5 dakika azaltın.

Kremayı, tuzu ekleyin ve 15 dakika daha pişirin.

YUVARLAK

Izgara pisi balığı veya bir dilim somon balığı ile mükemmel gider.

DOMATES SOSU

İÇİNDEKİLER

1 ½ kg olgun domates

250 gr soğan

1 bardak beyaz şarap

1 bacak jambon

2 diş sarımsak

1 büyük havuç

Taze kekik

taze Biberiye

şeker (isteğe bağlı)

tuz

TEDAVİ

Soğanı, sarımsağı ve havucu jülyen şeritler halinde kesin ve orta ateşte kızartın. Sebzeler yumuşayınca kemiği ekleyin ve şarapla deglaze edin. Isıyı açın.

Dörde bölünmüş domatesleri ve otları ekleyin. 30 dakika pişirin.

Kemik ve otları çıkarın. Ezin, süzün ve tuz ve şekeri ayarlayın.

YUVARLAK

Her zaman lezzetli ev yapımı domates sosuna sahip olmak için ayrı buz küpü tepsilerinde dondurun.

PEDRO XIMENEZ ŞARAP SOS

İÇİNDEKİLER

35 gr tereyağı

250 ml İspanyol sosu (Et suları ve soslar bölümüne bakın)

75 ml Pedro Ximenez şarabı

Tuz ve biber

TEDAVİ

Şarabı orta ateşte 5 dakika ısıtın. İspanyol sosu ekleyin ve 5 dakika daha pişirin.

Kıvamı koyulaştırmak ve parlaklık katmak için ocağı kapatın ve soğuk küp halindeki tereyağını ekleyin. Mevsim.

YUVARLAK

Porto şarabı gibi herhangi bir tatlı şarapla yapılabilir.

KREMA SOSU

İÇİNDEKİLER

½ l beşamel (Et suları ve soslar bölümüne bakın)

200cl krema

½ limon suyu

TEDAVİ

Beşameli kaynatın ve kremayı ekleyin. Yaklaşık 400 cl sos elde edilene kadar pişirin.

Ateşten alınca limon suyunu ekleyin.

YUVARLAK

Balık ve doldurulmuş yumurtaları tatlandırmak için graten yapmak için mükemmeldir.

mayonez mayonez

İÇİNDEKİLER

2 yumurta

½ limon suyu

½ litre hafif zeytinyağı

Tuz ve biber

TEDAVİ

Yumurtaları ve limon suyunu karıştırma kabına alın.

Mikser 5 ile çırpın, çırpmayı bırakmadan yavaş yavaş yağı ekleyin. Tuz ve karabiber serpin.

YUVARLAK

Ezme esnasında kesilmemesi için 1 yemek kaşığı ılık suyu diğer malzemelerle birlikte karıştırma bardağına ekleyin.

YOĞURT VE DILLE SOSU

İÇİNDEKİLER

20 gr soğan

75 ml mayonez sosu (et suları ve soslar bölümüne bakın)

1 yemek kaşığı bal

2 yoğurt

Dereotu

tuz

TEDAVİ

Pürüzsüz bir sos elde edene kadar dereotu hariç tüm malzemeleri karıştırın.

Dereotunu ince ince kıyıp sosa ekleyin. Tuzu çıkarın ve düzeltin.

YUVARLAK

Kızarmış patates veya kuzu eti ile mükemmel gider.

ŞEYTAN SOSU

İÇİNDEKİLER

100 gr tereyağı

½ litre et suyu

3 dl beyaz şarap

1 taze soğan

2 biber

tuz

TEDAVİ

Soğanı küçük parçalar halinde kesin ve yüksek sıcaklıkta kurumaya bırakın. Acı biber ekleyin, şarapla deglaze edin ve hacmi yarıya indirin.

Et suyunu dökün, 5 dakika daha pişirin ve tuz ve baharatlarla tatlandırın.

Çok soğuk tereyağını ocaktan alın ve karışım kalın ve parlak olana kadar bir çırpma teli ile karıştırın.

YUVARLAK

Bu sos tatlı şarapla da yapılabilir. Sonuç lezzetli.

İSPANYOL SOSU

İÇİNDEKİLER

30 gr tereyağı

30 gr un

1 litre et suyu (azaltılmış)

Tuz ve biber

TEDAVİ

Unu hafif kavrulmuş bir ton alana kadar tereyağında kavurun.

Sürekli karıştırarak kaynayan et suyuna dökün. 5 dakika pişirin ve tuz ve karabiber ekleyin.

YUVARLAK

Bu sos birçok hazırlığın temelidir. Bu, pişirmede temel sos olarak adlandırılan şeydir.

HOLLANDA SOSU

İÇİNDEKİLER

250 gr tereyağı

3 yumurta sarısı

¼ limon suyu

Tuz ve biber

TEDAVİ

Tereyağı eritmek için.

Yumurta sarılarını benmari usulü biraz tuz, karabiber, limon suyu ve 2 yemek kaşığı soğuk su ile hacmi iki katına çıkana kadar çırpın.

Eritilmiş tereyağını yumurta sarılarına azar azar ekleyerek çırpmaya devam edin. Su banyosunu maksimum 50°C sıcaklıkta tutun.

YUVARLAK

Bu sos, fırınlanmış patateslerin üzerine somon füme ile eşlik etmek için muhteşem.

İTALYAN SOSU

İÇİNDEKİLER

125 gr domates sosu

100 gr mantar

50 gr york jambonu

50 gr taze soğan

45 gr tereyağı

125 ml İspanyol sosu (Et suları ve soslar bölümüne bakın)

90 ml beyaz şarap

1 dal kekik

1 dal biberiye

Tuz ve biber

TEDAVİ

Soğanı ince ince doğrayıp sıvıyağda kavurun. Yumuşak olduklarında ateşi yükseltin ve soyulmuş ve temizlenmiş mantarları ekleyin. Doğranmış pişmiş jambonu ekleyin.

Şarabı ve otları ekleyin ve tamamen azalmasına izin verin.

İspanyol sosu ve domates sosu ekleyin. 10 dakika pişirin ve tuz ve karabiber ekleyin.

YUVARLAK
Makarna ve haşlanmış yumurta için idealdir.

MUSSEL SOSU

İÇİNDEKİLER

250 gr tereyağı

85ml çırpılmış krema

3 yumurta sarısı

¼ limon suyu

Tuz ve biber

TEDAVİ

Tereyağı eritmek için.

Yumurta sarısını biraz tuz, karabiber ve limon suyuyla bir bay-marie'de çırpın. Hacmi iki katına çıkana kadar 2 yemek kaşığı soğuk su ekleyin. Tereyağını yumurta sarılarına azar azar ekleyerek çırpmaya devam edin.

Servis yapmadan hemen önce kremayı çırpın ve yumuşak ve saran hareketlerle önceki karışıma ekleyin.

YUVARLAK

Su banyosunu maksimum 50°C sıcaklıkta tutun. Somon graten, ustura istiridye, kuşkonmaz vb. için mükemmeldir.

REMOULADE SOS

İÇİNDEKİLER

250 g mayonez sosu (Et suları ve soslar bölümüne bakın)

50 gr turşu

50 gr kapari

10 gr hamsi

1 çay kaşığı kıyılmış taze maydanoz

TEDAVİ

Hamsileri havanda ezilene kadar öğütün. Kapari ve turşuları çok küçük parçalar halinde kesin. Malzemelerin geri kalanını ekleyin ve karıştırın.

YUVARLAK

Bazı acılı yumurtalar için mükemmel.

BİZCAİNA SOS

İÇİNDEKİLER

500 gr soğan

400 gr taze domates

25 gr ekmek

3 diş sarımsak

4 adet chorizo veya ñora biberi

şeker (isteğe bağlı)

Zeytin yağı

tuz

TEDAVİ

Eti çıkarmak için ñoraları ıslatın.

Soğanı ve sarımsağı jülyen şeritler halinde kesin ve orta ateşte üstü kapalı bir tavada 25 dakika kadar kavurun.

Ekmek ve doğranmış çeri domatesleri ekleyin ve 10 dakika daha pişirmeye devam edin. Carne de ñoras'ı ekleyin ve 10 dakika daha pişirin.

Gerekirse tuz ve şekeri ezin ve ayarlayın.

YUVARLAK

Alışılmadık olmasına rağmen, spagetti ile yapmak için harika bir sos.

KIRMIZI SOS

İÇİNDEKİLER

2 diş sarımsak

1 büyük domates

1 küçük soğan

½ küçük kırmızı dolmalık biber

½ küçük yeşil dolmalık biber

2 poşet kalamar mürekkebi

Beyaz şarap

Zeytin yağı

tuz

TEDAVİ

Sebzeleri küçük parçalar halinde kesin ve 30 dakika hafifçe kurumaya bırakın.

Rendelenmiş domatesi ilave edip orta ateşte suyunu çekene kadar pişirin. Isıyı yükseltin ve mürekkep ceplerini ve biraz şarap ekleyin. Ortadan keselim.

Karıştırın, süzün ve tuz ekleyin.

YUVARLAK

Öğütüldükten sonra biraz daha mürekkep eklenirse sos daha hafif olur.

SABAH SOSU

İÇİNDEKİLER

75 gr parmesan

75 gr tereyağı

75 gr un

1 litre süt

2 yumurta sarısı

küçük hindistan cevizi

Tuz ve biber

TEDAVİ

Tereyağını bir tencerede eritin. Unu ekleyin ve sürekli karıştırarak 10 dakika kısık ateşte pişirin.

Sütü bir defada dökün ve sürekli karıştırarak 20 dakika daha pişirin.

Ateşten aldığınız yumurta sarılarını ve peyniri ekleyip karıştırmaya devam edin. Tuz, karabiber ve hindistan cevizi ile tatlandırın.

YUVARLAK

Mükemmel bir graten sosudur. Her türlü peynir kullanılabilir.

ROMASKO SOS

İÇİNDEKİLER

100 gr sirke

80 gr kavrulmuş badem

½ çay kaşığı tatlı kırmızı biber

2 veya 3 adet olgun domates

2 biber

1 küçük dilim kızarmış ekmek

1 baş sarımsak

1 biber

250 gr sızma zeytinyağı

tuz

TEDAVİ

ñoraları 30 dakika ılık suda bekletin. Hamuru çıkarın ve bir kenarda bekletin.

Fırını 200°C'ye ısıtın ve domatesleri ve sarımsağın başını közleyin (domatesler yaklaşık 15 ila 20 dakika sürer ve sarımsaklar biraz daha az).

Izgara yaptıktan sonra domateslerin kabuklarını ve çekirdeklerini temizleyip sarımsakları teker teker çıkarın. Badem, kızarmış ekmek, ñora eti, yağ ve sirke ile karıştırma kabına koyun. İyi döv.

Sonra tatlı biber ve bir tutam kırmızı biber ekleyin. Tekrar çırpın ve tuz ekleyin.

YUVARLAK
Sosu çok fazla öğütmeyin.

SOUBİS SOS

İÇİNDEKİLER

100 gr tereyağı

85 gr un

1 litre süt

1 soğan

küçük hindistan cevizi

Tuz ve biber

TEDAVİ

Tereyağını bir tavada eritin ve şeritler halinde doğranmış soğanı 25 dakika yavaşça pişirin. Unu ekleyin ve sürekli karıştırarak 10 dakika daha pişirin.

Sütü bir defada dökün ve 20 dakika daha kısık ateşte sürekli karıştırarak pişirin. Tuz, karabiber ve hindistan cevizi ile tatlandırın.

YUVARLAK

Olduğu gibi servis edilebilir veya püre haline getirilebilir. Cannelloni için mükemmeldir.

TARTAR SOSU

İÇİNDEKİLER

250 g mayonez sosu (Et suları ve soslar bölümüne bakın)

20 gr taze soğan

1 yemek kaşığı kapari

1 yemek kaşığı taze maydanoz

1 yemek kaşığı hardal

1 salatalık turşusu

1 haşlanmış yumurta

tuz

TEDAVİ

Frenk soğanı, kapari, maydanoz, salatalık ve haşlanmış yumurtayı ince ince doğrayın.

Her şeyi birlikte karıştırın ve mayonez ve hardal ekleyin. Bir çimdik tuz ekle.

YUVARLAK

Balık ve şarküteri ürünleri ile mükemmel gider.

KARAMEL SOSU

İÇİNDEKİLER

150 gr) Şeker

70 gr tereyağı

300 ml krema

TEDAVİ

Tereyağı ve şekerle karamel yapın, asla karıştırmayın.

Karamel pişince ocaktan alın ve kremayı ekleyin. 2 dakika yüksek ateşte pişirin.

YUVARLAK

Karamel, 1 dal biberiye eklenerek tatlandırılabilir.

saksı

İÇİNDEKİLER

250 gr havuç

250 gr pırasa

250 gr domates

150 gr soğan

150 gr şalgam

100 gr kereviz

tuz

TEDAVİ

Sebzeleri iyice yıkayın ve normal parçalar halinde kesin. Bir tencereye koyun ve soğuk suyla kaplayın.

2 saat kısık ateşte pişirin. Süzün ve tuz ekleyin.

YUVARLAK

Kullanılan sebzeler iyi bir krema yapmak için kullanılabilir. Daima üstü açık pişirin, böylece su buharlaştığında tatlar daha iyi konsantre olur.

KADİFE SOS

İÇİNDEKİLER

35 gr tereyağı

35 gr un

½ litre et suyu (balık, et, kümes hayvanları vb.)

tuz

TEDAVİ

Unu tereyağında 5 dakika hafifçe kavurun.

Et suyunu bir anda ekleyin ve orta ateşte sürekli karıştırarak pişirin. Bir çimdik tuz ekle.

YUVARLAK

Diğer birçok sos için bir temel görevi görür.

SOS SOSU

İÇİNDEKİLER

4 yemek kaşığı sirke

1 küçük soğan

1 büyük domates

½ kırmızı dolmalık biber

½ yeşil dolmalık biber

12 yemek kaşığı zeytinyağı

tuz

TEDAVİ

Domates, biber ve soğanı çok küçük parçalar halinde kesin.

Her şeyi birlikte karıştırın ve yağ, sirke ve tuz ekleyin.

YUVARLAK

Soslu midye veya ton balıklı patates için mükemmeldir.

NANELİ TATLI ŞARAPTA KIRMIZI MEYVELER

İÇİNDEKİLER

550 gr kırmızı meyveler

50 gr şeker

2 dl tatlı şarap

5 nane yaprağı

TEDAVİ

Kırmızı meyveler, şeker, tatlı şarap ve nane yapraklarını bir tencerede 20 dakika kaynatın.

Soğuyana kadar aynı kapta bırakın ve ayrı kaselerde servis yapın.

YUVARLAK

Ezip dondurma ve biraz çikolatalı bisküvi ile servis yapın.

YUVARLAK

Soğuk yemek daha iyi. Pişirmeden önce üstüne birkaç parça şekerlenmiş meyve ekleyin. Sonuç harika.

VİSKİLİ TAVUK PINAS

İÇİNDEKİLER

12 adet tavuk budu

200ml krema

150 ml viski

100 ml tavuk suyu

3 yumurta sarısı

1 taze soğan

Sade un

Zeytin yağı

Tuz ve biber

TEDAVİ

Tavuk butlarını baharatlayın, unlayın ve kızartın. Kaldır ve rezerve et.

Aynı yağda ince kıyılmış soğanı 5 dakika kavurun. Viski ve flambeyi ekleyin (kapak kapalı olmalıdır). Kremayı ve suyu dökün. Tavuğu tekrar koyun ve 20 dakika kısık ateşte pişirin.

Ateşten alın, yumurta sarısını ekleyin ve sosun hafifçe koyulaşması için hafifçe karıştırın. Gerekirse tuz ve karabiber serpin.

YUVARLAK

Viski, en çok sevdiğimiz alkollü içecekle değiştirilebilir.

IZGARA ÖRDEK

İÇİNDEKİLER

1 temiz ördek

1 litre tavuk suyu

4 dl soya sosu

3 kaşık bal

2 diş sarımsak

1 küçük soğan

1 acı biber

taze zencefil

Zeytin yağı

Tuz ve biber

TEDAVİ

Bir kapta tavuk suyu, soya fasulyesi, rendelenmiş sarımsak, acı biber ve ince doğranmış soğan, bal, bir parça rendelenmiş zencefil ve karabiberi karıştırın. Ördeği bu karışımda 1 saat marine edin.

Marineden çıkarın ve marine sıvısının yarısı ile bir tabağa koyun. 200°C'de her iki yüzünü de 10'ar dakika pişirin. Bir fırça ile sürekli nemlendirin.

Fırını 180ºC'ye indirin ve her iki tarafını da 18 dakika daha pişirin (her 5 dakikada bir fırçayla boyamaya devam edin).

Ördeği çıkarın ve bir kenara koyun ve orta ateşte bir tencerede sosun yarı yarıya azalmasına izin verin.

YUVARLAK

Önce tavuk göğsü tarafını aşağı gelecek şekilde pişirin, bu onları daha az kuru ve sulu yapar.

VİLLAROY TAVUK GÖĞSÜ

İÇİNDEKİLER

1 kilo tavuk göğsü

2 havuç

2 sap kereviz

1 soğan

1 pırasa

1 şalgam

Un, yumurta ve galeta unu (bulamak için)

beşamel için

1 litre süt

100 gr tereyağı

100 gr un

küçük hindistan cevizi

Tuz ve biber

TEDAVİ

Temizlenmiş tüm sebzeleri 2 litre (soğuk) suda 45 dk haşlayın.

Bu arada unu tereyağında orta ateşte 5 dakika kavurarak beşamel sosu hazırlayın. Daha sonra sütü ekleyip karıştırın. Tuz ve hindistan cevizi ekleyin. Çırpmaya ara vermeden kısık ateşte 10 dakika pişirin.

Et suyunu süzün ve ördek göğsünü (bütün veya fileto) 15 dakika pişirin. Onları boşaltın ve soğumaya bırakın. Göğüsleri beşamel sosla güzelce kaplayın ve buzdolabında bekletin. Soğuyunca una, sonra yumurtaya ve son olarak galeta ununa bulayın. Bol yağda kızartıp sıcak servis yapın.

YUVARLAK

Et suyunu ve püre haline getirilmiş sebzeleri lezzetli bir krema yapmak için kullanabilirsiniz.

Limonlu hardal soslu tavuk göğsü

İÇİNDEKİLER

4 tavuk göğsü

250 ml krema

3 yemek kaşığı brendi

3 yemek kaşığı hardal

1 yemek kaşığı un

2 diş sarımsak

1 limon

½ taze soğan

Zeytin yağı

Tuz ve biber

TEDAVİ

Normal parçalar halinde kesilmiş göğüsleri baharatlayın ve bir çiseleyen yağ ile kızartın. rezerve.

İnce kıyılmış soğan ve sarımsağı aynı yağda kavurun. Unu ekleyin ve 1 dakika pişirin. Brendiyi buharlaşana kadar ekleyin ve kremayı, 3 yemek kaşığı limon suyu ve kabuğunu, hardalı ve tuzu dökün. Sosu 5 dakika pişirin.

Tavuğu tekrar içine koyun ve 5 dakika daha kısık ateşte pişirin.

YUVARLAK

Limonun suyunu çıkarmadan önce rendeleyin. Paradan tasarruf etmek için göğüs yerine tavuk kıyması ile de yapılabilir.

KAHVELİ MANTARLI KAVRULMUŞ PINTADA

İÇİNDEKİLER

1 resim

250 gr mantar

200 ml getir

¼ litre tavuk suyu

15 adet çekirdeksiz kuru erik

1 diş sarımsak

1 çay kaşığı un

Zeytin yağı

Tuz ve biber

TEDAVİ

Tuz ve karabiber serpin ve beç tavuğu kuru erik ile 175 ºC'de 40 dakika kızartın. Pişirmenin yarısında çevirin. Süre sonunda suyunu çıkarın ve saklayın.

2 yemek kaşığı sıvı yağ ve unu bir sos tavasında 1 dakika kavurun. Şarabın üzerine serpin ve yarı yarıya azaltın. Kızartma ve et suyundan sosu üzerine dökün. 5 dakika karıştırmadan pişirin.

Mantarları ayrı ayrı kıyılmış sarımsakla kavurun, sosa ekleyin ve kaynatın. Beç tavuğu sosu ile servis edin.

YUVARLAK

Özel günler için beç tavuğunun üzerini elma, kaz ciğeri, kıyma, kuru meyveler ile süsleyebilirsiniz.

 AVES

VİLLAROY TAVUK GÖĞSÜ KARAMELİZE PİKULLOS İLE OLGUN SİRKELİ

İÇİNDEKİLER

4 adet tavuk göğsü fileto

100 gr tereyağı

100 gr un

1 litre süt

1 kutu piquillo biberi

1 su bardağı modena sirkesi

½ su bardağı şeker

küçük hindistan cevizi

Yumurta ve ekmek kırıntıları (kaplamak için)

Zeytin yağı

Tuz ve biber

TEDAVİ

Tereyağı ve unu 10 dakika kısık ateşte kavurun. Ardından sütü dökün ve sürekli karıştırarak 20 dakika pişirin. Tuz ve hindistan cevizi ekleyin. Soğumaya bırakın.

Bu sırada biberleri sirke ve şekerle sirke koyulaşmaya başlayana kadar (yeni başlıyor) karamelize edin.

Filetoları baharatlayın ve piquillo ile doldurun. Ördek göğüslerini çok sert şekerlermiş gibi streç filme sarıp kapatın ve 15 dakika suda pişirin.

Pişirdikten sonra her tarafına beşamel sos sürün ve çırpılmış yumurtaya ve galeta ununa bulayın. Bol yağda kızartın.

YUVARLAK

Beşamel için unları atlayarak birkaç kaşık köri eklerseniz sonuç farklı ve çok zengin olacaktır.

Pancetta, MANTAR VE PEYNİR SÜRMELİ TAVUK GÖĞSÜ

İÇİNDEKİLER

4 adet tavuk göğsü fileto

100 gr mantar

4 dilim füme domuz pastırması

2 yemek kaşığı hardal

6 yemek kaşığı krema

1 soğan

1 diş sarımsak

dilimlenmiş peynir

Zeytin yağı

Tuz ve biber

TEDAVİ

Tavuk filetolarını baharatlayın. Mantarları temizleyip dörde bölün.

Pastırmayı kahverengileştirin ve doğranmış mantarları sarımsakla birlikte yüksek ateşte kızartın.

Filetoları pastırma, peynir ve mantarla süsleyin ve sanki tatlıymış gibi şeffaf filmle mükemmel şekilde kapatın. Kaynayan suda 10 dakika pişirin. Filmi ve ağı çıkarın.

Diğer yandan küçük küçük doğranmış soğanı kavurun, krema ve hardalı ekleyip 2 dakika karıştırarak pişirin. Tavuk üzerine sos

YUVARLAK

Yemek filmi yüksek sıcaklıklara dayanabilir ve yiyeceğe herhangi bir tat vermez.

KAHVE İLE TATLI ŞARAP TAVUK

İÇİNDEKİLER

1 büyük tavuk

100 gr çekirdeksiz kuru erik

½ litre tavuk suyu

½ şişe tatlı şarap

1 taze soğan

2 havuç

1 diş sarımsak

1 yemek kaşığı un

Zeytin yağı

Tuz ve biber

TEDAVİ

Tavuk parçalarını yağ ile sıcak bir tavada kızartın ve kızartın. Dışarı çık ve rezervasyon yap.

Aynı yağda soğan, sarımsak ve ince doğranmış havuçları kavurun. Sebzeler iyice kavrulunca unu ilave edip bir dakika daha pişirin.

Üzüm şarabı ile ıslatın ve neredeyse tamamen azalana kadar ısıyı artırın. Et suyunu dökün ve tavuğu ve kuru erikleri tekrar ekleyin.

Yaklaşık 15 dakika veya tavuk yumuşayana kadar pişirin. Tavuğu çıkarın ve sosu karıştırın. Tuzla tatlandırın.

YUVARLAK

Püreye biraz soğuk tereyağı ekleyip çırpıcı ile çırparsanız koyulaşacak ve daha çok parlayacaktır.

KAHUJLU TURUNCU TAVUK GÖĞSÜ

İÇİNDEKİLER

4 tavuk göğsü

75 gr kaju fıstığı

2 bardak taze portakal suyu

4 kaşık bal

2 yemek kaşığı Cointreau

Sade un

Zeytin yağı

Tuz ve biber

TEDAVİ

Göğüsleri baharatlayın ve unlayın. Bol yağda kızartın, çıkarın ve bir kenarda bekletin.

Portakal suyunu Cointreau ve bal ile 5 dakika kaynatın. Göğüsleri sosa ekleyin ve 8 dakika kısık ateşte pişirin.

Üzerine salsa ve kaju fıstığı ile servis yapın.

YUVARLAK

İyi bir portakal sosu yapmanın bir başka yolu da, doğal portakal suyunun eklendiği, çok koyu olmayan şekerlerle başlamaktır.

MARİNE ŞALGAM

İÇİNDEKİLER

4 keklik

300 gr soğan

200 gr havuç

2 bardak beyaz şarap

1 baş sarımsak

1 defne yaprağı

1 bardak sirke

1 su bardağı sıvı yağ

tuz ve 10 tane karabiber

TEDAVİ

Keklikleri baharatlayın ve yüksek ateşte kızartın. Kaldır ve rezerve et.

Havuç ve soğanı aynı yağda jülyen şeritler halinde kahverengileştirin. Sebzeler yumuşayınca şarap, sirke, karabiber, tuz, sarımsak ve defne yapraklarını ekleyin. 10 dakika kızartın.

Kekliği geri koyun ve 10 dakika daha kısık ateşte pişirin.

YUVARLAK

Marine edilmiş et veya balığın en fazla lezzeti alabilmesi için en az 24 saat dinlendirilmesi en doğrusudur.

TAVUK AVCI

İÇİNDEKİLER

1 ince kıyılmış tavuk

50 gr dilimlenmiş mantar

½ litre tavuk suyu

1 bardak beyaz şarap

4 rendelenmiş domates

2 havuç

2 diş sarımsak

1 pırasa

½ soğan

1 demet ot (kekik, biberiye, defne yaprağı vb.)

Zeytin yağı

Tuz ve biber

TEDAVİ

Tavuğu baharatlayın ve bir çiseleyen yağ ile sıcak bir tencerede kızartın. Dışarı çık ve rezervasyon yap.

Küp doğranmış havuç, sarımsak, pırasa ve soğanı aynı yağda kavurun. Ardından rendelenmiş domatesi ekleyin. Domates suyunu çekene kadar kavurun. Tavuğu geri ver.

Mantarları ayrı ayrı kavurun ve tencereye ekleyin. Bir bardak şarapla deglaze edin ve buharlaşmasına izin verin.

Et suyu ile ıslatın ve aromatik bitkileri ekleyin. Tavuk yumuşayana kadar pişirin. Tuzlu sezon.

YUVARLAK

Bu yemek hindi ve hatta tavşanla da yapılabilir.

COCA COLA TARZI TAVUK KANAT

İÇİNDEKİLER

1 kilo tavuk kanadı

½ litre kola

4 yemek kaşığı esmer şeker

2 yemek kaşığı soya sosu

1 tepeleme yemek kaşığı kekik

½ limon

Tuz ve biber

TEDAVİ

Coca-Cola, şeker, soya, kekik ve ½ limonun suyunu bir tencereye alıp 2 dakika kaynatın.

Kanatları ikiye bölün ve tuzlayın. 160 derecede üzerleri hafif renk alana kadar pişirilir. Şimdi sosun yarısını ekleyin ve kanatları çevirin. Her 20 dakikada bir çevirin.

Sos neredeyse azaldığında diğer yarısını ekleyin ve sos koyulaşana kadar pişirmeye devam edin.

YUVARLAK

Sos hazırlanırken içine bir tutam vanilya eklenmesi lezzetini artırır ve sosa ayrı bir tat verir.

SARIMSAKLI TAVUK

İÇİNDEKİLER

1 ince kıyılmış tavuk

8 diş sarımsak

1 bardak beyaz şarap

1 yemek kaşığı un

1 acı biber

sirke

Zeytin yağı

Tuz ve biber

TEDAVİ

Tavuğu baharatlayın ve iyice kızartın. Bir kenara koyun ve yağın soğumasını bekleyin.

Sarımsakları rendeleyin ve sarımsağı ve acı biberi renklendirmeden sıkın (yağda pişirin, kızartmayın).

Şarapta ıslatın ve belirli bir kalınlığa gelene ancak kuru olmayana kadar azaltın.

Ardından tavuğu ve azar azar bir çay kaşığı unu üstüne ekleyin. Karıştırın (sarımsakların tavuğa yapışıp yapışmadığını kontrol edin, değilse biraz yapışana kadar biraz un ekleyin).

Örtün ve ara sıra karıştırın. 20 dakika kısık ateşte pişirin. Biraz sirke ekleyin ve bir dakika daha pişirin.

YUVARLAK

Tavada kızartılmış tavuk bir zorunluluktur. Dışının altın rengi, içinin sulu kalması için çok sıcak olması gerekir.

TAVUK ÇOCUK

İÇİNDEKİLER

1 küçük tavuk, ince doğranmış

350 gr kıyılmış serrano jambonu

1 kutu 800 gr soyulmuş domates

1 büyük kırmızı biber

1 büyük yeşil biber

1 büyük soğan

2 diş sarımsak

Kekik

1 bardak beyaz veya kırmızı şarap

şeker

Zeytin yağı

Tuz ve biber

TEDAVİ

Tavuğu baharatlayın ve yüksek ateşte kızartın. Dışarı çık ve rezervasyon yap.

Kahverengi kırmızı biber, sarımsak ve soğan aynı yağda orta büyüklükte parçalar halinde kesilir. Sebzeler kızardığında jambonu ekleyin ve 10 dakika daha pişirin.

Tavuğu geri koyun ve şarabın üzerine dökün. 5 dakika yüksek ısıya düşürün ve domates ve kekiği ekleyin. Isıyı düşürün ve 30 dakika daha pişirin. Tuz ve şekeri ayarlayın.

YUVARLAK

Aynı tarif köfte ile de yapılabilir. Plakada hiçbir şey kalmayacak!

Bıldırcın ve KIRMIZI MEYVELERLE MARİNE EDİLMİŞTİR

İÇİNDEKİLER

4 bıldırcın

150 gr kırmızı meyveler

1 bardak sirke

2 bardak beyaz şarap

1 havuç

1 pırasa

1 diş sarımsak

1 defne yaprağı

Sade un

1 su bardağı sıvı yağ

Tuz ve karabiber

TEDAVİ

Bıldırcınları unlayın, baharatlayın ve bir tencerede kızartın. Dışarı çık ve rezervasyon yap.

Aynı yağda küp küp doğranmış havuç ve pırasayı ve ince kıyılmış sarımsağı kavurun. Sebzeler yumuşayınca yağı, sirkeyi ve şarabı ekleyin.

Defne yapraklarını ve biberi ekleyin. Tuzlayın ve kırmızı meyvelerle 10 dakika pişirin.

Bıldırcın ekleyin ve yumuşayana kadar 10 dakika daha pişirin. Örtülü, ısıdan uzak bırakın.

YUVARLAK

Bıldırcın etli bu turşu harika bir salata sosu ve iyi bir marul salatası ile iyi gider.

LİMONLU TAVUK

İÇİNDEKİLER

1 tavuk

30 gr şeker

25 gr tereyağı

1 litre tavuk suyu

1 dl beyaz şarap

3 limon suyu

1 soğan

1 pırasa

Zeytin yağı

Tuz ve biber

TEDAVİ

Tavuğu doğrayın ve baharatlayın. Yüksek ateşte kahverengileştirin ve çıkarın.

Soğanı soyun ve pırasayı soyun, jülyen şeritler halinde kesin. Sebzeleri tavuğun pişirildiği yağda kızartın. Şarabın üzerine serpin ve azalmasına izin verin.

Limon suyu, şeker ve et suyu ekleyin. 5 dakika pişirin ve tavuğu geri koyun. 30 dakika daha kısık ateşte pişirin. Tuz ve karabiber serpin.

YUVARLAK
Sosun daha ince olması ve sebze topakları olmaması için ezilmesi daha iyidir.

SERRANO JAMONLU, CASAR PASTA VE ROKETLİ SAN JACOBO TAVUK

İÇİNDEKİLER

8 ince tavuk fileto

150 gr Casar keki

100 gr roket

4 dilim serrano jambonu

Un, yumurta ve pullar (üstü için)

Zeytin yağı

Tuz ve biber

TEDAVİ

Tavuk filetoları baharatlayın ve peynirle birlikte dağıtın. Birinin üzerine roka ve serrano jambonunu koyun ve diğerini üstüne kapatarak kapatın. Geri kalanıyla aynı şeyi yapın.

Onları un, çırpılmış yumurta ve ezilmiş mısır gevreğine dökün. Bol kızgın yağda 3 dakika kızartın.

YUVARLAK

Ezilmiş patlamış mısır, kiko ve hatta solucanlarla kaplanabilir. Sonuç çok komik.

FIRINDA KÖRİ TAVUK

İÇİNDEKİLER

4 adet tavuk budu (kişi başı)

1 litre krema

1 taze soğan veya kuru soğan

2 kaşık köri

4 sade yoğurt

tuz

TEDAVİ

Soğanı küçük parçalar halinde kesin ve bir kapta yoğurt, krema ve köri ile karıştırın. Tuzlu sezon.

Tavukta birkaç parça kesin ve 24 saat yoğurt sosunda marine edin.

180°C'de 90 dakika kızartın, tavuğu çıkarın ve çırpılmış sos ile servis yapın.

YUVARLAK

Artık sosunuz varsa, lezzetli köfteler yapmak için kullanabilirsiniz.

KIRMIZI ŞARAPTA TAVUK

İÇİNDEKİLER

1 ince kıyılmış tavuk

½ litre kırmızı şarap

1 dal biberiye

1 dal kekik

2 diş sarımsak

2 pırasa

1 kırmızı biber

1 havuç

1 soğan

Tavuk suyu

Sade un

Zeytin yağı

Tuz ve biber

TEDAVİ

Tavuğu baharatlayın ve çok sıcak bir tavada kızartın. Dışarı çık ve rezervasyon yap.

Sebzeleri küçük parçalar halinde kesin ve tavukla aynı yağda kızartın.

Şarapta ıslatın, aromatik bitkileri ekleyin ve koyulaşana kadar yaklaşık 10 dakika yüksek ateşte pişirin. Tavuğu tekrar ekleyin ve kaplanana kadar stokta dökün. 20 dakika daha veya et yumuşayana kadar pişirin.

YUVARLAK

Parçacıksız daha ince bir sos istiyorsanız, püre haline getirin ve süzün.

SİYAH BİRA KAVRULMUŞ TAVUK

İÇİNDEKİLER

4 tavuk budu

750 ml koyu bira

1 yemek kaşığı kimyon

1 dal kekik

1 dal biberiye

2 soğan

3 diş sarımsak

1 havuç

Tuz ve biber

TEDAVİ

Soğan, havuç ve sarımsağı jülyen doğrayın. Kekik ve biberiyeyi bir tencerenin dibine koyun ve üzerine soğan, havuç ve sarımsağı dizin; sonra tavuk budu, deri tarafı aşağı gelecek şekilde, bir tutam kimyonla tatlandırılmış. 175 ºC'de yaklaşık 45 dakika kızartın.

30 dakika sonra birayla ıslatın, altını ters çevirin ve 45 dakika daha pişirin. Tavuklar kavrulunca tavadan alıp sosu karıştırın.

YUVARLAK

2 adet dilimlenmiş ve ezilmiş elma sosun geri kalanıyla birlikte rostoların ortasına eklenirse tadı daha da güzel olur.

ÇİKOLATA SABUN

İÇİNDEKİLER

4 keklik

½ litre tavuk suyu

½ bardak kırmızı şarap

1 dal biberiye

1 dal kekik

1 taze soğan

1 havuç

1 diş sarımsak

1 rendelenmiş domates

Çikolata

Zeytin yağı

Tuz ve biber

TEDAVİ

Keklikleri baharatlayın ve kızartın. rezerve.

Aynı yağda orta ateşte ince kıyılmış havuç, sarımsak ve taze soğanı kavurun. Ateşi yükseltin ve domatesi ekleyin. Suyunu kaybedene kadar kaynatın. Şarabın üzerine serpin ve neredeyse tamamen azalmasına izin verin.

Et suyu ile ıslatın ve aromatik bitkileri ekleyin. Kısık ateşte keklikler yumuşayana kadar pişirin. Tuzlu sezon. Ateşten alın ve tatmak için çikolata ekleyin. Ayırmak.

YUVARLAK

Yemeğe baharatlı bir hava katmak için acı biber, kıtır olmasını istiyorsanız biraz kavrulmuş fındık veya badem ekleyebilirsiniz.

KIRMIZI MEYVE SOSLU KAVRULMUŞ DÖRT TOPUK

İÇİNDEKİLER

4 hindi bacağı

250 gr kırmızı meyveler

½ litre kava

1 dal kekik

1 dal biberiye

3 diş sarımsak

2 pırasa

1 havuç

Zeytin yağı

Tuz ve biber

TEDAVİ

Pırasayı, havucu ve sarımsağı soyup jülyen doğrayın. Bu sebzeyi kekik, biberiye ve kırmızı meyvelerle birlikte bir tabağa alın.

Üzerine biraz yağ gezdirilmiş hindi çeyreklerini deri tarafı aşağı gelecek şekilde yerleştirin. 175 ºC'de 1 saat kızartın.

30 dakika sonra kava ile banyo yapın. Eti çevirin ve 45 dakika daha pişirin. Süre sonunda tavadan çıkarın. Karıştırın, süzün ve sosu tuz ekleyin.

YUVARLAK

Bacak ve uyluk kolayca ayrıldığında hindi hazırdır.

ŞEFTALİ SOSLU KAVURMUŞ TAVUK

İÇİNDEKİLER

4 tavuk budu

½ litre beyaz şarap

1 dal kekik

1 dal biberiye

3 diş sarımsak

2 şeftali

2 soğan

1 havuç

Zeytin yağı

Tuz ve biber

TEDAVİ

Soğan, havuç ve sarımsağı jülyen doğrayın. Şeftalileri soyun, ikiye bölün ve kemikleri çıkarın.

Kekik ve biberiye ile havuç, soğan ve sarımsağı bir fırın tepsisinin tabanına yerleştirin. Culatta'nın çeyreğini üstüne koyun, biraz yağ ile tatlandırın, deri tarafı aşağı gelecek şekilde yerleştirin ve 175°C'de yaklaşık 45 dakika pişirin.

30 dakika sonra üzerlerine beyaz şarabı dökün, çevirin ve 45 dakika daha pişirin. Tavuklar kavrulunca tavadan alıp sosu karıştırın.

YUVARLAK

Rostoya elma veya armut eklenebilir. Sos lezzetli olacak.

Ispanaklı ve mozarellalı tavuk fileto ezmesi

İÇİNDEKİLER

8 ince tavuk fileto

200 gr taze ıspanak

150 gr mozzarella

8 fesleğen yaprağı

1 çay kaşığı öğütülmüş kimyon

Un, yumurta ve galeta unu (bulamak için)

Zeytin yağı

Tuz ve biber

TEDAVİ

Göğüsleri her iki taraftan baharatlayın. Ispanak, rendelermiş peynir ve kıyılmış fesleğen ile süsleyin ve başka bir fileto ile örtün. Unu, çırpılmış yumurtayı ve galeta unu ve kimyon karışımından geçirin.

Her iki tarafını da birkaç dakika kızartın ve emici kağıt üzerinde fazla yağı alın.

YUVARLAK

Mükemmel eşlik, iyi bir domates sosudur. Bu yemek hindi ve hatta taze filetodan yapılabilir.

CAVA'LI KIZARMIŞ TAVUK

İÇİNDEKİLER

4 tavuk budu

1 şişe köpüklü şarap

1 dal kekik

1 dal biberiye

3 diş sarımsak

2 soğan

Zeytin yağı

Tuz ve biber

TEDAVİ

Soğanı ve sarımsağı jülyen doğrayın. Kekik ve biberiyeyi bir fırın tepsisinin tabanına yerleştirin, soğanı, sarımsağı ve ardından baharatlı arka ayakları derili tarafı aşağı gelecek şekilde yerleştirin. 175 ºC'de yaklaşık 45 dakika kızartın.

30 dakika sonra üzerine kavayı gezdirin, ters çevirin ve 45 dakika daha pişirin. Tavuklar kavrulunca tavadan alıp sosu karıştırın.

YUVARLAK

Aynı tarifin bir başka çeşidi de lambrusco veya passito şarabı ile yapmaktır.

Fıstık Soslu Tavuk Şiş

İÇİNDEKİLER

600 gr tavuk göğsü

150 gr yer fıstığı

500 ml tavuk suyu

200ml krema

3 yemek kaşığı soya sosu

3 kaşık bal

1 kaşık köri

1 ince kıyılmış acı biber

1 yemek kaşığı limon suyu

Zeytin yağı

Tuz ve biber

TEDAVİ

Yer fıstığını macun haline gelene kadar çok iyi öğütün. Bir kasede limon suyu, et suyu, soya, bal, köri, tuz ve karabiberle karıştırın. Göğüsleri parçalara ayırın ve gece boyunca bu karışımda marine edin.

Tavuğu çıkarın ve bir şişin üzerine koyun. Önceki karışımı krema ile 10 dakika kısık ateşte pişirin.

Şişleri orta ateşte bir tavada kızartın ve üzerine sos ile servis yapın.

YUVARLAK

Tavuk butlarından yapabilirsiniz. Ama tavada kızartmak yerine fırında sosla birlikte kavurun.

PEPITORYA TAVUK

İÇİNDEKİLER

1½ kilo tavuk

250 gr soğan

50 gr kavrulmuş badem

25 gr kızarmış ekmek

½ litre tavuk suyu

¼ litre iyi şarap

2 diş sarımsak

2 defne yaprağı

2 haşlanmış yumurta

1 yemek kaşığı un

14 iplikçik safran

150 gr zeytinyağı

Tuz ve biber

TEDAVİ

Parçalara ayrılmış tavuğu doğrayın ve baharatlayın. Kahverengi ve yedek.

Soğanı ve sarımsağı küçük küçük doğrayın ve tavuğun piştiği yağda kavurun. Unu ekleyip kısık ateşte 5 dakika kavurun. Şarabın üzerine serpin ve azalmasına izin verin.

Tuzlu suyu dökün ve 15 dakika daha pişirin. Daha sonra ayırdığınız tavuğu defne yaprağıyla birlikte ekleyin ve tavuklar yumuşayana kadar pişirin.

Safranı ayrı ayrı kavurun ve kızartılan ekmek, badem ve yumurta sarısı ile birlikte havana koyun. Püre haline getirin ve tavuk güveçine ekleyin. 5 dakika daha pişirin.

YUVARLAK

Bu tarife iyi bir pilavdan daha iyi bir eşlik olamaz. Üzerine kıyılmış yumurta akı ve biraz ince kıyılmış maydanoz ile sunulabilir.

PORTAKALLI TAVUK

İÇİNDEKİLER

1 tavuk

25 gr tereyağı

1 litre tavuk suyu

1 dl roze şarap

2 kaşık bal

1 dal kekik

2 havuç

2 portakal

2 pırasa

Zeytin yağı

Tuz ve biber

TEDAVİ

Tavuğu baharatlayın ve zeytinyağında yüksek ateşte kızartın. Kaldır ve rezerve et.

Havuçları ve pırasaları soyup soyun ve jülyen şeritler halinde kesin. Tavuğun kızartıldığı yağda pişirin. Şarabın üzerine serpin ve koyulaşana kadar yüksek ateşte pişirin.

Portakal suyu, bal ve et suyunu ekleyin. 5 dakika pişirin ve tavuk parçalarını tekrar ekleyin. 30 dakika kısık ateşte pişirin. Soğuk tereyağını ekleyip tuz ve karabiberle tatlandırın.

YUVARLAK

İyi bir avuç ceviz atlayabilir ve pişirme sonunda tencereye ekleyebilirsiniz.

PORCINI ile tavuk yahnisi

İÇİNDEKİLER

1 tavuk

200 gr serrano jambonu

200 gr beyaz mantar

50 gr tereyağı

600 ml tavuk suyu

1 bardak beyaz şarap

1 dal kekik

1 diş sarımsak

1 havuç

1 soğan

1 domates

Zeytin yağı

Tuz ve biber

TEDAVİ

Tavuğu doğrayın, baharatlayın ve tereyağı ve biraz sıvı yağda kızartın. Kaldır ve rezerve et.

Küçük parçalar halinde doğranmış soğan, havuç ve sarımsağı ve küp şeklinde doğranmış jambonu aynı yağda kızartın. Ateşi yükseltin ve doğranmış porçini mantarını ekleyin. 2 dakika pişirin, rendelenmiş domatesi ekleyin ve suyunu tamamen çekene kadar pişirin.

Tavuk parçalarını geri koyun ve şarabın üzerine dökün. Sos neredeyse kuruyana kadar azaltın. Et suyu ile ıslatın ve kekik ekleyin. 25 dakika veya tavuk yumuşayana kadar kısık ateşte pişirin. Tuzlu sezon.

YUVARLAK

Mevsimlik veya kurutulmuş mantar kullanın.

FINDIKLI VE SOYALI SAMAN TAVUK

İÇİNDEKİLER

3 tavuk göğsü

70 gr kuru üzüm

30 gr badem

30 gr kaju fıstığı

30 gr ceviz

30 gr fındık

1 bardak tavuk suyu

3 yemek kaşığı soya sosu

2 diş sarımsak

1 acı biber

1 limon

Zencefil

Zeytin yağı

Tuz ve biber

TEDAVİ

Ördek göğsü, tuz ve karabiberi doğrayın ve bir tavada yüksek ateşte kızartın. Kaldır ve rezerve et.

Cevizleri bu yağda rendelenmiş sarımsak, bir parça rendelenmiş zencefil, acı biber ve limon kabuğu rendesi ile kavurun.

Kuru üzüm, ayrılmış tavuk göğsü ve soya fasulyesi ekleyin. 1 dakika azaltın ve et suyunun üzerine dökün. Orta ateşte 6 dakika daha pişirin ve gerekirse tuz ekleyin.

YUVARLAK

Neredeyse tamamen soya fasulyesinden geldiği için tuz kullanmak pek gerekli değildir.

KAVRULMUŞ BADEMLİ ÇİKOLATA TAVUK

İÇİNDEKİLER

1 tavuk

60 gr rendelenmiş bitter çikolata

1 bardak kırmızı şarap

1 dal kekik

1 dal biberiye

1 defne yaprağı

2 havuç

2 diş sarımsak

1 soğan

Tavuk suyu (veya su)

Kavrulmuş badem

sızma zeytinyağı

Tuz ve biber

TEDAVİ

Tavuğu doğrayın, baharatlayın ve çok sıcak bir tencerede kızartın. Kaldır ve rezerve et.

Aynı yağda soğan, havuç ve diş sarımsağı küçük parçalar halinde kısık ateşte kızartın.

Defne yaprağını ve kekik ve biberiye dallarını ekleyin. Şarap ve et suyu ekleyin ve 40 dakika kısık ateşte pişirin. Tuzla tatlandırın ve tavuğu çıkarın.

Sosu blenderdan geçirip tekrar tencereye alın. Tavukları ve çikolatayı ekleyip çikolata eriyene kadar karıştırın. Lezzetleri karıştırmak için 5 dakika daha pişirin.

YUVARLAK

Üzerine kavrulmuş bademleri dizin. Acı biber veya acı biber eklemek, ona baharatlı bir kenar verir.

BİBERLİ HARDAL SOSLU KUZU ŞİŞİ

İÇİNDEKİLER

350 gr kuzu

2 yemek kaşığı sirke

1 yemek kaşığı rendelenmiş kırmızı biber

1 yemek kaşığı hardal

1 hatta kaşık şeker

1 sepet çeri domates

1 yeşil biber

1 kırmızı biber

1 küçük taze soğan

1 soğan

5 yemek kaşığı zeytinyağı

Tuz ve biber

TEDAVİ

Taze soğan hariç sebzeleri soyun ve orta büyüklükte kareler halinde kesin. Kuzu aynı büyüklükte küpler halinde kesin. Bir parça et ve bir parça sebzeyi değiştirerek şişi birleştirin. Mevsim. Her iki tarafını da 1 veya 2 dakika çok kızgın bir tavada biraz yağ ile kızartın.

Ardından hardal, kırmızı biber, şeker, yağ, sirke ve doğranmış soğanı bir kapta karıştırın. Tuzla tatlandırın ve emülsifiye edin.

Taze hazırlanmış kebabı biraz kırmızı biber sosuyla servis edin.

YUVARLAK

Salata sosuna 1 yemek kaşığı köri ve biraz limon kabuğu rendesi de ekleyebilirsiniz.

LİMAN DOLU DANA DÖGÜ

İÇİNDEKİLER

1 kg dana yüzgeci (doldurmak için kitap)

350 gr kıyma

1 kilo havuç

1 kilo soğan

100 gr çam fıstığı

1 küçük kutu piquillo biber

1 kutu siyah zeytin

1 paket pastırma

1 baş sarımsak

2 defne yaprağı

Getirmek

et suyu

Zeytin yağı

Tuz ve karabiber

TEDAVİ

Yüzgeci her iki taraftan baharatlayın. Domuz eti, çam fıstığı, doğranmış biber, dörde bölünmüş zeytin ve pastırma dilimleri ile süsleyin. Toplayın ve bir dikiş yapın veya dizgin ipliği ile bağlayın. Çok yüksek ateşte kızartın, çıkarın ve bir kenara koyun.

Havuç, soğan ve sarımsağı brunoise doğrayın ve dana etinin kızartıldığı yağda kızartın. Yüzgeci değiştirin. Her şey kaplanana kadar biraz liman ve et suyu ile ıslatın. 8 tane karabiber ve defne yaprağı ekleyin. Kapağı kapalı olarak kısık ateşte 40 dakika pişirin. Her 10 dakikada bir çevirin. Et yumuşadığında sosu çıkarın ve karıştırın.

YUVARLAK

Porto şarabı başka herhangi bir şarap veya şampanya ile değiştirilebilir.

MADRİLEYA KÖFTE

İÇİNDEKİLER

1 kilo kıyma

500 gr kıyma

500 gr olgun domates

150 gr soğan

100 gr mantar

1 litre et suyu (veya su)

2 dl beyaz şarap

2 yemek kaşığı taze maydanoz

2 yemek kaşığı galeta unu

1 yemek kaşığı un

3 diş sarımsak

2 havuç

1 defne yaprağı

1 yumurta

şeker

Zeytin yağı

Tuz ve biber

TEDAVİ

İki parça eti kıyılmış maydanoz, 2 diş doğranmış sarımsak, galeta unu, yumurta, tuz ve karabiberle karıştırın. Toplar oluşturun ve bir tavada kızartın. Dışarı çık ve rezervasyon yap.

Aynı yağda soğanı kalan sarımsakla birlikte kavurun, unu ekleyin ve kavurun. Domatesleri ekleyin ve 5 dakika daha pişirin. Şarapta bekletin ve 10 dakika daha pişirin. Et suyunu ekleyin ve 5 dakika daha pişirmeye devam edin. Tuz ve şekeri öğütün ve düzeltin. Köfteleri defne yaprağıyla birlikte sosun içinde 10 dakika pişirin.

Havuç ve mantarları ayrı ayrı soyun, soyun ve kesin. Az yağda 2 dakika kadar kızartıp köfte tenceresine alın.

YUVARLAK

Köfte karışımını daha lezzetli hale getirmek için 150 gr kıyılmış taze İberya pastırması ekleyin. Daha sulu olmaları için topları yaparken çok sert bastırmamak en iyisidir.

ÇİKOLATALI DANA ÇİNİ

İÇİNDEKİLER

8 dana yanağı

½ litre kırmızı şarap

6 ons çikolata

2 diş sarımsak

2 domates

2 pırasa

1 sap kereviz

1 havuç

1 soğan

1 dal biberiye

1 dal kekik

Sade un

Et suyu (veya su)

Zeytin yağı

Tuz ve biber

TEDAVİ

Yanakları çok sıcak bir tavada baharatlayın ve kızartın. Dışarı çık ve rezervasyon yap.

Sebzeleri brunoise doğrayın ve yanakların kızartıldığı tavada kızartın.

Sebzeler yumuşayınca rendelenmiş çeri domatesleri ekleyin ve suyunu tamamen çekene kadar pişirin. Şarabı, aromatik bitkileri ekleyin ve 5 dakika buharlaşmasına izin verin. Yanakları ve dana et suyunu kaplayana kadar ekleyin.

Yanaklar çok yumuşak olana kadar pişirin, çikolatayı tatlandırın, karıştırın ve tuz ve karabiber ekleyin.

YUVARLAK

Sos birlikte ezilebilir veya bütün sebze parçalarıyla birlikte bırakılabilir.

TATLI ŞARAP SOSLU CONFIT YATAKLI DOMUZ ÇATI

İÇİNDEKİLER

½ domuz yavrusu, ince kıyılmış

1 bardak tatlı şarap

2 dal biberiye

2 dal kekik

4 diş sarımsak

1 küçük havuç

1 küçük soğan

1 domates

tatlı zeytinyağı

kaba tuz

TEDAVİ

Yavru domuzu bir fırın tepsisine yayın ve her iki tarafını da tuzlayın. Preslenmiş sarımsak ve otları ekleyin. Yağ ile örtün ve 100ºC'de 5 saat pişirin. Sonra soğumaya bırakın ve eti ve cildi çıkararak içini çıkarın.

Pişirme kağıdını fırın tepsisine yerleştirin. Domuzu ikiye bölün ve derisini üstüne yerleştirin (en az 2 parmak kalınlığında olmalıdır). Başka bir pişirme kağıdı koyun ve üzerine biraz ağırlık koyarak buzdolabına koyun.

Bu sırada siyah bir et suyu hazırlayın. Kemikleri ve sebzeleri orta büyüklükte parçalar halinde kesin. Bacakları 185°C'de 35 dakika ızgara yapın, yanlarına sebzeleri yerleştirin ve 25 dakika daha pişirin. Fırından çıkarın ve şarapla ıslatın. Her şeyi bir tencereye koyun ve üzerini soğuk suyla örtün. 2 saat çok kısık ateşte pişirin. Süzün ve karışım hafifçe koyulaşana kadar tekrar ateşe koyun. Yağını gidermek.

Pastayı porsiyonlara bölün ve sıcak bir tavada deri tarafı aşağı gelecek şekilde çıtır çıtır olana kadar kızartın. 180°C'de 3 dakika pişirin.

YUVARLAK

Zordan çok yorucu ama sonuçları muhteşem. Sonu bozmamanın tek püf noktası, sosu etin üzerine değil bir tarafına servis etmektir.

ETİKETLİ TAVŞAN

İÇİNDEKİLER

1 kıyılmış tavşan

80 gr badem

1 litre tavuk suyu

400 ml prina

200ml krema

1 dal biberiye

1 dal kekik

2 soğan

2 diş sarımsak

1 havuç

10 iplikçik safran

Tuz ve biber

TEDAVİ

Tavşanı doğrayın, baharatlayın ve kahverengileştirin. Kaldır ve rezerve et.

Aynı yağda küçük parçalar halinde doğranmış havuç, soğan ve sarımsağı kızartın. Safran ve bademleri ekleyip 1 dakika pişirin.

Isıyı açın ve yerde yıkanın. flambeed Tavşanı tekrar ekleyin ve stoğun üzerine serpin. Kekik dallarını ve biberiyeyi ekleyin.

Tavşan yumuşayana kadar yaklaşık 30 dakika pişirin ve kremayı ekleyin. 5 dakika daha pişirip tuzunu ayarlayın.

YUVARLAK

Flambear, bir likörden alkol yakar. Ardından fan kapağının kapalı olduğundan emin olun.

FINDIK SOSLU PEPITORIA KÖFTE

İÇİNDEKİLER

750 gr kıyma

750 gr kıyma

250 gr soğan

60 gr fındık

25 gr kızarmış ekmek

½ litre tavuk suyu

¼ litre beyaz şarap

10 iplikçik safran

2 yemek kaşığı taze maydanoz

2 yemek kaşığı galeta unu

4 diş sarımsak

2 haşlanmış yumurta

1 taze yumurta

2 defne yaprağı

150 gr zeytinyağı

Tuz ve biber

TEDAVİ

Bir kasede et, kıyılmış maydanoz, doğranmış sarımsak, galeta unu, yumurta, tuz ve karabiberi karıştırın. Orta ateşte bir tencerede un ve kahverengi. Kaldır ve rezerve et.

Soğanı ve diğer 2 diş sarımsağı aynı yağda hafifçe kavurun. Şarabın üzerine serpin ve azalmasına izin verin. Et suyu ile ıslatın ve 15 dakika pişirin. Köfteleri defne yaprağı ile sosa ekleyin ve 15 dakika daha pişirin.

Diğer tarafta safranı kızartın ve kızarmış ekmek, fındık ve yumurta sarısı ile havanda pürüzsüz bir hamur elde edinceye kadar ezin. Tencereye ekleyin ve 5 dakika daha pişirin.

YUVARLAK

Üzerine kıyılmış yumurta akı ve biraz maydanoz serperek servis yapın.

SİYAH BİRA İLE DANA PİŞİRME

İÇİNDEKİLER

4 dana fileto

125 gr şitaki mantarı

1/3 litre koyu bira

1 dl et suyu

1 dl krema

1 havuç

1 taze soğan

1 domates

1 dal kekik

1 dal biberiye

Sade un

Zeytin yağı

Tuz ve biber

TEDAVİ

Filetoları baharatlayın ve unlayın. Onları bir tavada biraz yağ ile hafifçe kızartın. Dışarı çık ve rezervasyon yap.

Doğranmış soğan ve havucu aynı yağda kavurun. Piştikten sonra rendelenmiş domatesi ekleyin ve sos neredeyse kuruyana kadar pişirin.

Biraya daldırın, orta ateşte 5 dakika alkolün buharlaşmasına izin verin ve et suyu, aromatik otlar ve fileto ekleyin. 15 dakika veya yumuşayana kadar pişirin.

Mantarları ayrı bir filetoda yüksek ateşte kızartın ve tencereye ekleyin. Tuzlu sezon.

YUVARLAK

Filetolar fazla pişmemeli, aksi takdirde çok sert olurlar.

MADRLET TRIPES

İÇİNDEKİLER

1 kilo temiz mide

2 domuz ayağı

25 gr un

1 dl sirke

2 yemek kaşığı kırmızı biber

2 defne yaprağı

2 soğan (1 tutam)

1 baş sarımsak

1 biber

2 yk zeytinyağı

20 gr tuz

TEDAVİ

Karnı ve domuz incikini soğuk su dolu bir tencerede haşlayın. Kaynamaya başlayınca 5 dakika pişirin.

Boşaltın ve temiz su ile doldurun. Doğranmış soğan, kırmızı biber, sarımsak başı ve defne yaprağını ekleyin. Gerekirse üzerini iyice kapatacak şekilde daha fazla su ekleyin ve üstü kapalı olarak kısık ateşte 4 saat veya tırıslar ve sakatatlar yumuşayana kadar pişirin.

Göbek hazır olduğunda doğranmış soğanı, defne yaprağını ve acı biberi çıkarın. Ayrıca ayakları çıkarın, kemiklerini çıkarın ve karın büyüklüğünde parçalar halinde kesin. Tencereye geri koyun.

İkinci brunoise doğranmış soğanı ayrı ayrı kavurun, kırmızı biberi ve 1 yemek kaşığı unu ekleyin. Haşlandıktan sonra tencereye ekleyin. 5 dakika pişirin, gerekirse tuz ekleyin ve koyulaştırın.

YUVARLAK

Bu tarif bir iki gün önceden hazırlanırsa lezzet kazanıyor. Haşlanmış nohut da ekleyerek birinci sınıf bir sebze yemeği elde edebilirsiniz.

ELMA VE NANELİ TIKLA KAVRULMUŞ BALIK

İÇİNDEKİLER

800 gr taze domuz filetosu

500 gr elma

60 gr şeker

1 bardak beyaz şarap

1 bardak konyak

10 nane yaprağı

1 defne yaprağı

1 büyük soğan

1 havuç

Zeytin yağı

Tuz ve biber

TEDAVİ

Filetoyu baharatlayın ve yüksek ateşte kızartın. Kaldır ve rezerve et.

Temizlenip ince ince doğranmış soğan ve havucu bu yağda kavurun. Elmaları soyun ve çekirdeklerini çıkarın.

Her şeyi bir tabağa koyun, alkole daldırın ve defne yaprağını ekleyin. 185°C'de 90 dakika pişirin.

Elmaları ve sebzeleri çıkarın ve şeker ve nane ile ezin. Filetoyu ve sosu pişirme sıvısıyla doldurun ve elma kompostosu ile servis yapın.

YUVARLAK

Filetoların kurumasını önlemek için pişirme sırasında tavaya biraz su ekleyin.

AHUDUDU SOSLU TAVUK KÖFTE

İÇİNDEKİLER

köfte için

1 kilo kıyma tavuk eti

1 DL süt

2 yemek kaşığı galeta unu

2 yumurta

1 diş sarımsak

şeri şarabı

Sade un

kıyılmış maydanoz

Zeytin yağı

Tuz ve biber

Ahududu sosu için

200 gr ahududu reçeli

½ litre tavuk suyu

1½ dl beyaz şarap

½ su bardağı soya sosu

1 domates

2 havuç

1 diş sarımsak

1 soğan

tuz

TEDAVİ

köfte için

Eti galeta unu, süt, yumurta, ince kıyılmış diş sarımsak, maydanoz ve bir damla şarapla karıştırın. Tuz ve karabiber serpip 15 dakika dinlendirin.

Karışımla toplar oluşturun ve un içinde yuvarlayın. Onları yağda kızartın, içlerinin biraz çiğ olduğundan emin olun. Yağı rezerve edin.

Tatlı ve ekşi ahududu sosu için

Soğan, sarımsak ve havuçları soyun ve küçük küpler halinde kesin. Köftelerin kızartıldığı yağda kızartın. Bir tutam tuzla tatlandırın. Kabuksuz ve çekirdeksiz küçük parçalar halinde doğranmış domatesi ekleyin ve suyu buharlaşana kadar pişirin.

Şarabın üzerine dökün ve yarı yarıya azalana kadar pişirin. Soya sosu ve et suyunu ekleyin ve sos koyulaşana kadar 20 dakika daha pişirin. Reçeli ve köfteleri ekleyip 10 dakika daha pişirin.

YUVARLAK

Ahududu reçeli, herhangi bir kırmızı meyveden ve hatta reçelden başka biriyle değiştirilebilir.

KUZU GÜVEÇ

İÇİNDEKİLER

1 kuzu bacağı

1 büyük bardak kırmızı şarap

½ su bardağı konserve domates (veya 2 rendelenmiş domates)

1 yemek kaşığı tatlı kırmızı biber

2 büyük patates

1 yeşil biber

1 kırmızı biber

1 soğan

Et suyu (veya su)

Zeytin yağı

Tuz ve biber

TEDAVİ

Kemiği doğrayın, baharatlayın ve çok sıcak bir tencerede kızartın. Dışarı çık ve rezervasyon yap.

Aynı yağda küp küp doğranmış soğan ve biberleri kavurun. Sebzeler iyice kızardığında bir kaşık kırmızı biber ve domates ekleyin. Yüksek ateşte domates suyunu çekene kadar pişirmeye devam edin. Sonra tekrar kuzu ekleyin.

Şarabın üzerine serpin ve azalmasına izin verin. Et suyu ile kaplayın.

Kuzu yumuşayınca kaşelada patateslerini (kesilmemiş) ekleyin ve patatesler tamamen pişene kadar pişirin. Tuz ve karabiber serpin.

YUVARLAK

Daha da lezzetli bir sos için 4 piquillo biberi ve 1 diş sarımsağı ayrı ayrı soteleyin. Biraz buğulama suyu ile karıştırıp tencereye ilave edin.

tavşan misk kedisi

İÇİNDEKİLER

1 tavşan

250 gr mantar

250 gr havuç

250 gr soğan

100 gr domuz pastırması

¼ litre kırmızı şarap

3 yemek kaşığı domates sosu

2 diş sarımsak

2 dal kekik

2 defne yaprağı

Et suyu (veya su)

Zeytin yağı

Tuz ve biber

TEDAVİ

Tavşanı kesin ve havuç, küçük parçalar halinde kesilmiş sarımsak ve soğan, şarap, 1 dal kekik ve 1 defne yaprağında 24 saat mayalanmaya bırakın. Süre dolduğunda, dökün ve bir tarafta şarabı, diğer tarafta sebzeleri ayırın.

Tavşanı baharatlayın, yüksek ateşte kızartın ve çıkarın. Sebzeleri aynı yağda orta ateşte pişirin. Domates sosu ekleyin ve 3 dakika kızartın. Tavşanı geri koy. Et kaplanana kadar şarap ve et suyu ile ıslatın. İkinci kekik dalını ve ikinci defne yaprağını ekleyin. Tavşan yumuşayana kadar pişirin.

Bu arada, şeritler halinde kesilmiş pastırmayı ve dörde bölünmüş mantarları kızartın ve tencereye ekleyin. Diğer tarafta tavşan ciğeri havanda püre haline getirip onu da ekleyin. 10 dakika daha pişirin ve tuz ve karabiber ekleyin.

YUVARLAK

Bu yemek herhangi bir oyunla yapılabilir ve bir gün önce hazırlanırsa daha lezzetli olur.

BİBERLİ TAVŞAN

İÇİNDEKİLER

1 tavşan

2 büyük domates

2 soğan

1 yeşil biber

1 diş sarımsak

şeker

Zeytin yağı

Tuz ve biber

TEDAVİ

Tavşanı bir tencerede doğrayın, baharatlayın ve kızartın. Kaldır ve rezerve et.

Soğanı, biberi ve sarımsağı küçük parçalar halinde kesin ve tavşanın pişirildiği yağda 15 dakika kısık ateşte kızartın.

Brunoise doğranmış domatesleri ekleyin ve orta ateşte suyunu tamamen çekene kadar pişirin. Gerekirse tuz ve şekeri ayarlayın.

Tavşanı ekleyin, ısıyı azaltın ve üstü kapalı bir tavada ara sıra karıştırarak 15 veya 20 dakika pişirin.

YUVARLAK

Piperrada kabak veya patlıcan eklenebilir.

KÖRİ SOSLU PEYNİRLİ TAVUK KÖFTE

İÇİNDEKİLER

500 gr kıyılmış tavuk

150 gr doğranmış peynir

100 gr galeta unu

200ml krema

1 bardak tavuk suyu

2 kaşık köri

½ yemek kaşığı galeta unu

30 kuru üzüm

1 yeşil biber

1 havuç

1 soğan

1 yumurta

1 limon

Süt

Sade un

Zeytin yağı

tuz

TEDAVİ

Tavuğu baharatlayın ve galeta unu, yumurta, 1 yemek kaşığı köri ve süte batırılmış galeta unu ile karıştırın. Topları oluşturun, bir küp peynirle doldurun ve un içinde yuvarlayın. Kızartın ve rezerve edin.

Doğranmış soğan, biber ve havucu aynı yağda kavurun. Limon kabuğu rendesini ekleyin ve birkaç cakika pişirin. İkinci yemek kaşığı köri, kuru üzüm ve tavuk suyunu ekleyin. Kaynamaya başlayınca kremayı ekleyin ve 20 dk pişirin. Tuzlu sezon.

YUVARLAK

Bu köftelere mükemmel bir eşlik, birkaç kıyılmış diş sarımsakla sotelenmiş ve hoş bir porto veya Pedro Ximénez dokunuşuyla yıkanmış dörde bölünmüş mantarlardır.

KIRMIZI ŞARAPLI YASTIKLAR

İÇİNDEKİLER

12 domuz yanağı

½ litre kırmızı şarap

2 diş sarımsak

2 pırasa

1 kırmızı biber

1 havuç

1 soğan

Sade un

Et suyu (veya su)

Zeytin yağı

Tuz ve biber

TEDAVİ

Yanakları çok sıcak bir tavada baharatlayın ve kızartın. Dışarı çık ve rezervasyon yap.

Sebzeleri bronoise doğrayın ve domuz etinin kızartıldığı yağda kızartın. İyice piştikten sonra şarapla ıslatın ve 5 dakika buharlaşmasına izin verin. Yanakları ve dana et suyunu kaplayana kadar ekleyin.

Yanaklar iyice yumuşayana kadar pişirin ve isterseniz sosu karıştırarak sebze parçaları kalmayacak şekilde pişirin.

YUVARLAK

Domuz yanaklarının pişirilmesi, sığır yanaklarından çok daha az zaman alır. Sosa bir ons çikolata eklenerek başka bir lezzet elde edilir.

COCHIFRITO NAVARRA

İÇİNDEKİLER

2 kuzu bacağı

50 gr domuz yağı

1 çay kaşığı kırmızı biber

1 yemek kaşığı sirke

2 diş sarımsak

1 soğan

Zeytin yağı

Tuz ve biber

TEDAVİ

Kuzu bacaklarını parçalara ayırın. Bir tavada yüksek ateşte tuz ve kahverengi. Dışarı çık ve rezervasyon yap.

İnce kıyılmış soğan ve sarımsağı aynı yağda 8 dakika kısık ateşte kavurun. Kırmızı biberi ekleyin ve 5 saniye daha kızartın. Kuzu ekleyin ve suyla kaplayın.

Sos azalana ve et yumuşayana kadar pişirin. Sirke ile ıslatın ve kaynatın.

YUVARLAK

İlk kızartma önemlidir, çünkü meyve sularının akmasını önler. Ayrıca gevrek bir dokunuş verir ve lezzetleri arttırır.

Fıstık Soslu Fıstık Yahnisi

İÇİNDEKİLER

750 gr et budu

250 gr yer fıstığı

2 litre et suyu

1 bardak krema

½ bardak konyak

2 yemek kaşığı domates sosu

1 dal kekik

1 dal biberiye

4 patates

2 havuç

1 soğan

1 diş sarımsak

Zeytin yağı

Tuz ve biber

TEDAVİ

Baldırını doğrayın, baharatlayın ve yüksek ateşte kızartın. Dışarı çık ve rezervasyon yap.

Aynı yağda soğanı, sarımsağı ve küp küp doğranmış havuçları kısık ateşte kavurun. Isıyı artırın ve domates sosu ekleyin. Tüm suyu kaybedene kadar azaltın. Brendi serpin ve alkolün buharlaşmasına izin verin. Eti tekrar ekleyin.

Yer fıstığını et suyuyla iyice ezin ve aromalı bitkilerle birlikte tavaya ekleyin. Et neredeyse yumuşayana kadar kısık ateşte pişirin.

Daha sonra soyulmuş ve normal kareler halinde kesilmiş patatesleri ve kremayı ekleyin. 10 dakika pişirin ve tuz ve karabiber ekleyin. Servis yapmadan önce 15 dakika dinlendirin.

YUVARLAK

Bu et yemeği pirinç pilavı ile servis edilebilir (Pilav ve makarna bölümüne bakınız).

YANMIŞ DOMUZ

İÇİNDEKİLER

1 domuz yavrusu

2 yemek kaşığı domuz yağı

tuz

TEDAVİ

Kulakları ve kuyruğu yanmamaları için alüminyum folyo ile kaplayın.

2 tahta kaşığı bir fırın tepsisine yerleştirin ve domuzu yüzü yukarı bakacak şekilde kabın dibine değmeyecek şekilde yerleştirin. 2 yemek kaşığı su ekleyin ve 180°C'de 2 saat pişirin.

Tuzu 4 dl suda eritin ve her 10 dakikada bir domuz yavrusu içini boyayın. Ters çevirin ve süre dolana kadar su ve tuzla boyamaya devam edin.

Tereyağını eritin ve cildi boyayın. Fırını 200°C'ye yükseltin ve 30 dakika daha veya cilt altın sarısı ve çıtır çıtır olana kadar pişirin.

YUVARLAK

Suyu cildinize sürmeyin; çıtırlığını kaybetmesine neden olacaktır. Sosu tabağın altına servis edin.

KARBON DERZ KAVRULMUŞ

İÇİNDEKİLER

4 eklem

½ lahana

3 diş sarımsak

Zeytin yağı

Tuz ve biber

TEDAVİ

Sapları kaynar suyla örtün ve 2 saat veya tamamen yumuşayana kadar pişirin.

Onları sudan çıkarın ve bir çiseleyen yağ ile 220 ° C'de altın rengi olana kadar pişirin. Mevsim.

Lahanayı ince şeritler halinde kesin. Bol kaynar suda 15 dk haşlayın. Boşaltmak.

Bu arada doğranmış sarımsağı biraz yağda kavurun, lahanayı ekleyin ve kavurun. Tuz ve karabiber serpin ve kavrulmuş saplarla birlikte servis yapın.

YUVARLAK

Saplar çok sıcak bir tavada da yapılabilir. Onları her taraftan iyice kızartın.

TAVŞAN AVLAMAK

İÇİNDEKİLER

1 tavşan

300 gr mantar

2 bardak tavuk suyu

1 bardak beyaz şarap

1 tutam taze kekik

1 defne yaprağı

2 diş sarımsak

1 soğan

1 domates

Zeytin yağı

Tuz ve biber

TEDAVİ

Tavşanı doğrayın, baharatlayın ve yüksek ateşte kızartın. Dışarı çık ve rezervasyon yap.

Doğranmış soğan ve sarımsağı aynı yağda 5 dakika kavurun. Ateşi açın ve rendelenmiş domatesi ekleyin. Su kalmayıncaya kadar kaynatın.

Tavşanı tekrar ekleyin ve şarapta yıkayın. Azaltmasına izin verin ve sos neredeyse kuru. Et suyunu dökün ve aromatik bitkilerle birlikte 25 dakika veya et yumuşayana kadar pişirin.

Bu sırada temizlenmiş ve ufalanmış mantarları kızgın tavada 2 dakika kavurun. Tuz ile tatlandırın ve tencereye ekleyin. 2 dakika daha pişirin ve gerekirse tuzunu ayarlayın.

YUVARLAK

Aynı tarifi tavuk veya hindi ile de yapabilirsiniz.

MADRİLEAA BUZAĞI PULU

İÇİNDEKİLER

4 dana fileto

1 yemek kaşığı taze maydanoz

2 diş sarımsak

Un, yumurta ve galeta unu (bulamak için)

Zeytin yağı

Tuz ve biber

TEDAVİ

Maydanoz ve sarımsağı ince ince kıyın. Bunları bir kasede karıştırın ve ekmek kırıntılarını ekleyin. Ayırmak.

Filetoları tuz ve karabiberle tatlandırın ve un, çırpılmış yumurta ve ekmek kırıntıları ile sarımsak ve maydanoz karışımına koyun.

Panelerin iyice yapışması için elinizle bastırın ve bol kızgın yağda 15 saniye kadar kızartın.

YUVARLAK

Filetoları bir tokmakla ezin, böylece lifler kırılır ve et daha yumuşak hale gelir.

MANTAR TAVŞAN SOS

İÇİNDEKİLER

1 tavşan

250 gr mevsim mantarı

50 gr domuz yağı

200 gr pastırma

45 gr badem

600 ml tavuk suyu

1 bardak şeri

1 havuç

1 domates

1 soğan

1 diş sarımsak

1 dal kekik

Tuz ve biber

TEDAVİ

Tavşanı doğrayın ve baharatlayın. Çubuklar halinde kesilmiş domuz pastırması ile tereyağında yüksek ateşte kızartın. Dışarı çık ve rezervasyon yap.

Doğranmış soğan, havuç ve sarımsağı aynı yağda kavurun. Doğranmış mantarı ekleyin ve 2 dakika pişirin. Rendelenmiş domatesi ilave edip suyunu çekene kadar pişirin.

Tavşanı ve pastırmayı tekrar ekleyin ve şaraba batırın. Azaltmasına izin verin ve sos neredeyse kuru. Et suyu ile ıslatın ve kekik ekleyin. 25 dakika veya tavşan yumuşayana kadar kısık ateşte pişirin. Yüzeydeki bademlerle tamamlayın ve tuzla tatlandırın.

YUVARLAK

Kurutulmuş şitaki mantarı kullanabilirsiniz. Birçok tatları ve aromaları var.

BEYAZ ŞARAP VE BALDA İBER DOMUZ YENGEÇ

İÇİNDEKİLER

1 İber domuz pirzolası

1 bardak beyaz şarap

2 kaşık bal

1 yemek kaşığı tatlı kırmızı biber

1 yemek kaşığı kıyılmış biberiye

1 yemek kaşığı kıyılmış kekik

1 diş sarımsak

Zeytin yağı

Tuz ve biber

TEDAVİ

Baharatları, rendelenmiş sarımsağı, balı ve tuzu bir kaseye koyun. ½ su bardağı sıvı yağ ekleyin ve karıştırın. Kaburgaları bu karışımla yayın.

200°C'de 30 dakika et tarafı alta gelecek şekilde kızartın. Döndürün, şarabı dökün ve 30 dakika daha veya kaburgalar kızarana ve yumuşayana kadar pişirin.

YUVARLAK

Lezzetlerin kaburgaların daha fazla emmesi için eti bir gün önceden marine etmek en iyisidir.

www.ingramcontent.com/pod-product-compliance
Lightning Source LLC
Chambersburg PA
CBHW050022130526
44590CB00042B/1629